처음 사찰음식 레시피 108

아이폴아 가족밥상

소박한 제철 채소밥상으로
가족건강 지킨다

'사찰음식'이 건강요리로 인기가 높아지고 있습니다. 현대인들이 앓는 많은 병이 지나친 육류 섭취, 패스트푸드, 인공조미료, 인공감미료, 인스턴트식품 등이 원인이기 때문입니다 .

사찰음식은 육류와 어패류, 오신채를 사용하지 않습니다. 이는 여러 가지 이유가 있지만, 가장 중요한 것은 사찰음식이 수행하는 스님들의 음식이기 때문입니다. 사찰음식은 내면을 충실하게 만드는 데 도움이 됩니다. 채소는 땅의 기운을 받고 자라는 정적인 음식으로, 채소를 가까이하면 밖으로 뻗치는 기운이 줄어들고 내면이 충실해지는 것입니다 .

이와 반대 개념인 동적인 음식은 사찰음식에서 쓰지 않는 육류, 어패류, 오신채, 인스턴트식품, 패스트푸드 등입니다. 요즘 아이들이 많이 먹는 것들입니다. 이런 식품을 많이 먹을수록 밖으로 뻗치는 힘이 강해서 정서의 동요가 쉽고, 성격이 과격해지며, 조급해지는 경향이 있습니다.

이런 점에서 사찰음식은 한창 몸과 마음이 쑥쑥 자라는 아이들에게 좋은 음식입니다. 예전에는 '성인병'으로 불리던 병들이 '식원병', '생활습관병'이라는 말로 바뀐 사실이 말해주듯이 우리가 앓는 병들이 잘못된 먹을거리에서 비롯되는 원인이 많아졌으니 아이들의 건강을 지키는 데 사찰음식을 권합니다.

이 책을 통해 더 맛있는 채소 요리법을 익히고, 더불어 음식이라는 것이 배만 부르기 위해 먹는 것이 아니라 아이의 성격과 정서에 중요한 역할을 한다는 것을 기억했으면 합니다. 제철 채소로 소박하게 준비하는 밥상은 아이는 물론 비만이나 고혈압, 당뇨 등 생활습관병을 걱정하는 어른들의 건강을 지키는 명약입니다.

홍승

아이에게 선물하는 '건강'
그리고 '따뜻한 기억'

나이가 들수록 어머니의 손맛이 점점 더 그리워지고 함께 먹었던 사람들과의 '기억'을 떠올리게 됩니다. 손맛이 밴 음식은 단순한 음식을 넘어 아이에게 건강한 식습관을 만들어 주는 바탕이 되고, 시간이 흘러도 변하지 않는 '따뜻한 기억'으로 남습니다.

또한 '내가 먹는 음식이 곧 내가 된다'는 말처럼 음식은 건강에 큰 영향을 끼칩니다. 30~40년 전만 해도 할머니, 어머니가 의사이자 약사였습니다. 약국이나 병원을 찾기 전에 기침이 나면 무즙을 먹이고, 열이 나면 생강을 끓여 먹여 가족의 건강을 지켰습니다.

지금은 훌륭한 치료시스템을 갖춘 병원들이 수도 없이 많고, 각종 예방접종으로 대비를 하는 시대입니다. 그럼에도 불구하고 심혈관질환, 당뇨 등 생활습관병 발생률은 점점 높아지고, 암 발생 연령은 낮아지고 있습니다. 아이들의 주의력결핍 과잉행동장애(ADHD), 아토피, 폭력성 등도 심각한 수준입니다. 이는 모두 우리가 섭취하는 음식물과 밀접한 관련이 있습니다.

요리강의를 할 때마다 아이들에게 사찰음식을 해주려면 어떻게 해야 하는지 하는 질문을 많이 받았습니다. 다양한 제철 채소와 과일을 고루 활용하고 색이나 양념 등에 신경을 쓰면 아이들의 미각을 자극하는 요리를 만들 수 있습니다. 요리에 서툴어도 차근차근 해보면 맛있는 건강밥상을 차릴 수 있습니다.

다만 이미 가공식품에 익숙해진 아이의 입맛을 조금씩 바꾸어 가는 데는 엄마의 노력이 필요합니다. 가끔은 아이와 함께 요리하는 시간을 만들어 보세요. 재료를 다듬고, 밀가루를 반죽하고, 모양을 만들면서 아이와 얘기를 나눠 보세요. 누구랑 먹을지, 어떤 접시에 담을지 이야기하며 엄마와 함께 요리하는 시간만큼 아이의 몸과 마음이 건강해집니다.

이 책이 아이는 물론 온가족 건강밥상을 차리고 싶은 이들에게 도움이 되기를 바랍니다. 책이 나오기까지 격려하고 도움을 주신 많은 분들께 두 손 모아 감사를 드립니다.

여름 전효원

차 례

* 이 책에서 소개한 요리는 3~4인분 기준입니다.
* 요리에 사용하는 채수, 맛간장 만드는 방법은
 p.16에 있습니다.

우리 아이, 좋은 식습관 기르기

어릴 때의 식습관은 어른이 되어서도 계속 이어지는 경우가 많다.
어려서부터 올바른 식습관을 강조하는 이유이다.
아이가 한 끼를 감사한 마음으로, 고루 먹는 식습관을 갖도록 신경 쓴다.

감사하는 마음으로 먹는다

먹을거리가 풍요로워진 때문인지 한 끼 음식의 소중함을 잘 모르는 아이들이 많다. 어려서부터 식
사 전에는 손을 깨끗이 씻고 바른 자세로 앉아서 감사하는 마음으로 먹도록 아이에게 알려준다.

이 음식이 어디에서 왔는가?
내 덕행으로는 받기가 부끄럽네.
마음의 온갖 욕심을 버리고
몸을 ㅈ 탱하는 약으로 삼아
깨달음을 이루고자 이 밥을 먹습니다.

스님들이 식사하는 것을 발우공양이라고 하는데, 이
글은 발우공양 전에 스님들이 외우는 '오관게'이다.
식사 전에 되새기는 감사의 글인 셈이다. 아이들에게
도 한 끼 음식의 소중함을 알려준다면 건강한 식습관
이 자연스럽게 몸에 배지 않을까.

온가족이 모여 식사한다

규칙적인 식사시간과 정해진 장소, 그리고 가족이 함
께 모여 식사를 하는 것이 아이에게 많은 안정감을
준다.

어른이 먼저 올바른 식습관을 보인다

아이는 부모의 식습관을 모방한다. TV, 컴퓨터를 보면서 밥을 먹으면 아이들이 크면서 그대로 따라한다. 아이에게만 식습관을 바꾸라고 하지 말고 부모부터 올바른 식습관으로 바꾼다.

고루 먹는 식습관에 신경 쓴다

이유식을 마친 아이들은 모든 것이 처음 접하는 재료이다. 만약 편식을 하면 혼내거나 강요하지 말고 재료를 다져서 넣거나 요리할 때 참여시켜 흥미를 갖게 하면 편식을 없애는 데 효과가 있다.

제철 식품 위주로 먹는다

구하기 쉽고 영양 풍부한 제철 식품으로 밥상을 차린다. 〈논어〉에 보면 당시 평균수명이 30세이던 춘추전국시대에 공자는 73세까지 장수했는데, 공자의 식습관 중 하나가 '제철이 아닌 것은 먹지 않는다'(不時不食)는 것이다. 어려서부터 건강한 입맛을 들이려면 제철 식품을 소박하게 조리한 음식을 가까이하는 것이 중요하다. 지나치게 단것이나 패스트푸드, 가공식품은 줄인다.

음식을 남기지 않는다

음식을 남기지 않도록 하려면 아이가 먹을 만큼만 담아주는 것이 좋고, 좀 더 자라면 스스로 먹을 만큼 덜어 먹게 한다.

아이와 함께 요리하는 시간을 늘린다

요리를 할 때 엄마 혼자서 뚝딱 만들지 말고 아이와 함께 한다. 요리를 정할 때도 아이와 함께 정해 재료 다듬기, 반죽, 모양 찍기 등 아이가 할 수 있는 부분은 맡긴다. 쉬운 요리부터 도전해 '우리집 요리책'으로 기록을 남길 수도 있다.

이것만 알면 요리가 척척

요리라면 영 자신이 없다는 엄마들이 의외로 많다.
기본에 충실하면 얼마든지 맛있는 밥상을 차릴 수 있다.
나만의 레시피를 모으고 꼼꼼히 장보기, 계량하기, 제대로 손질하기,
양념 순서대로 넣기만 지키면 요리가 쉬워진다.

나만의 레시피를 모은다

제철 식품 위주로, 가족들이 좋아하거나 건강을 챙길 수 있는 레시피를 월별로 정리한다. 또한 요리책에서는 배울 수 없는 친정엄마나 시댁의 귀한 레시피가 있으면 적어 놓는다. 우리 집만의 맞춤레시피가 되어 유용하고, 나중에 물려줄 수도 있다.

장부터 꼼꼼히 본다

장 보러 가기 전에 냉장고에 있는 식품이나 남은 반찬, 유통기한을 생각해 살 목록을 쭉 적는다. 예를 들어 나물반찬이 여러 가지 있을 때는 비빔밥, 나물밥지짐이 등에 필요한 식품을 구입목록에 넣는다.

식품을 살 때는 유통기한, 성분 표시를 확인해 합성보존료, 인공감미료, 화학조미료, 착색제, 발색제, 표백제, 살균제, 산화방지제 등이 들어간 것은 피한다.

인공감미료 | 아스파탐, 사이클레메이트 등으로 표시돼 있다. 간장이나 과자, 아이스크림 등 아이들이 많이 먹는 가공식품에 많이 들어간다.

발색제 | 아질산나트륨이라고 해서 햄이나 소시지, 어묵 등 고기와 생선 가공식품에 흔히 쓴다. WHO(세계보건기구)에서 어린이 식품에 쓰지 않도록 권하는 성분이다.

산화방지제 | 지방이 들어간 식품, 유제품 등이 변하지 않도록 넣는 화학 성분으로 크래커, 쇼트닝 등에 들어 있다. 콜레스테롤 수치를 높이고 유전자 손상 우려가 있다.

합성보존료 | 흔히 방부제로 부르는데 소르빈산칼륨, 안식향산나트륨 등으로 표시돼 있다. 단무지나 초콜릿, 치즈, 토마토케첩 등 식품에 들어 있다.

착색제 | 보기 좋은 색을 내기 위해 쓰는 인공 색소이다. 과자나 아이스크림, 통조림 등에 두루 넣는데 간, 신장, 혈액 등에 나쁘거나 발암성이 보고된 것들이 있으므로 제품 겉면을 보고 성분을 확인한다.

친환경 농산물을 고를 때는 크게 3가지가 있다. 유기합성농약과 화

학비료를 모두 사용하지 않고 재배한 유기농산물, 유기합성농약은 일체 사용하지 않고, 화학비료는 권장 시비량의 1/3 이내 사용한 무농약농산물, 화학비료는 권장시비량의 1/2이내 사용, 농약 살포횟수는 농약안전사용기준의 1/2 이하, 사용시기는 안전사용기준 시기의 2배수 사용한 저농약 농산물이다.

인증마크 중에는 HACCP(식품위해요소중점관리)도 있는데, 소비자가 섭취하기 전까지 단계마다 위생관리된 식품이라는 뜻이다.

또한 가능하면 가까운 지역에서 생산된 로컬푸드를 고르는 것이 좋다. 로컬푸드는 생산자와 소비자 사이의 배송거리, 유통단계를 줄여 더 신선하고 저렴한 편이다.

계량하는 습관을 들인다

요리에 자신이 생기면 눈짐작으로도 가능하지만 서툴수록 계량스푼과 계량컵, 저울 정도는 준비해 계량하는 습관을 들인다. 계량은 한결같은 맛을 내고 불필요한 조미료를 적게 쓰는 방법이다. 양을 잴 때는 액체는 넘치지 않을 정도로 담아서, 가루는 가득 담은 후 편편하게 깎아서 계량한다.

1큰술=15mL, 1/2큰술=7mL, 1작은술=1/3큰술=5mL, 1/2작은술=2.5mL, 1컵=200mL,

1줌=한 손으로 가볍게 잡히는 양, 조금=엄지와 검지로 가볍게 잡히는 양

재료손질과 보관방법을 배운다

재료마다 물, 소금, 식초 등으로 손질하고 보관하는 방법에 차이가 있다. 예를 들어 두부는 물에 담가 10분 정도 담가두면 식품 첨가물을 어느 정도 줄일 수 있고, 보관할 때도 물에 담가 냉장실에 두면 1주일 이상 보관이 가능하다. 아이들이 좋아하는 햄이나 소시지, 라면은 한번 데쳐서 조리하면 기름과 산화방지제, 착색제 등 유해 첨가물을 줄일 수 있다.

재료를 손질하고 남는 채소도 쓸모가 있다. 다져서 넣는 용도로 쓰거나, 모양이 나지 않는 재료는 채수를 만들 때 넣으면 국물 맛을 내는 데 좋다.

양념 넣는 데도 순서가 있다

재료를 부드럽게 만들어 다른 양념이 잘 배도록 하는 설탕을 가장 먼저 넣는다. 다음으로 소금, 식초, 간장 순서로 넣는 게 좋다. 참기름과 깨소금은 마지막에 넣어 고소함을 살린다. 간장의 경우 국간장은 국의 간이나 나물 볶을 때, 간장은 조림에 많이 쓴다.

건강밥상 차리는 양념비법

이왕이면 몸에 좋은 조미료, 자연식품으로 단맛과 짠맛, 매운맛 등 제맛을 내보자.
신선한 재료를 쓰고, 양념을 제대로 쓰는 것이 건강밥상을 차리는 기본이다.

몸에 좋은 단맛으로

이왕이면 더 몸에 좋은 단맛을 골라서
쓴다.

설탕 | 유기농 설탕으로 고른다. 입맛을
강하게 변하게 하므로 가능하면 채소와
과일의 단맛을 이용해서 요리하는 것이
더 좋다.

조청 | 남는 밥이 있으면 냉동실에 얼렸
다가 고아서 조청을 만들어 쓰면 좋다.
조림이나 볶음요리, 장아찌를 만들 때 넣으면 깨끗한 단맛을 준다.

발효액과 과일청 | 특별한 향이 없는 재료로 만들어 놓으면 여러 가지 요리에 단맛을 내는 용도로
쓸 수 있다.

식품을 이용해 단맛을 내는 것도 좋은 방법이다.

감초 | 한두 조각만 사용해도 단맛을 낼 수 있다.

양배추 | 믹서에 갈아서 요리에 넣는다.

호박 | 수제비나 쿠키 등을 만들 때 넣으면 자연스런 단맛을 낼 수 있다.

대추 | 대추고를 만들어 떡을 만들거나 음료로 쓴다.

과일 | 홍시, 배 등 단맛 과일은 재료를 재우거나 김치 등을 담글 때 넣으면 좋다.

몸에 좋은 짠맛으로

짠맛을 내는 조미료로는 소금과 간장, 된장, 고추장이 대표적이다. 좋은 양념을 골라 쓰고 만들 수 있는 것은 만들어 쓰는 것이 좋다.

천일염 | 짠맛이 서서히 음식에 배어들므로 재료를 절이는 데 쓴다.

구운소금 | 400℃ 이상에서 가공해 간수나 유해 성분이 제거되고 미네랄은 남아 있다. 부드러운 맛이 나며 무침이나 조림, 생채 등 요리에 좋다.

죽염 | 천일염을 넣은 대나무 통을 가마에서 고온으로 구워 만든 소금. 대나무의 유효 성분과 천일염의 미네랄이 합해져 몸에 좋은 짠맛이니 소금 대신 쓴다.

국간장(청장) | 메주에 소금물을 부어 자연숙성시킨 간장으로 청장, 집간장이라고도 한다. 국을 끓이거나 나물을 무칠 때 쓴다.

간장(양조간장) | 콩이나 탈지대두에 쌀, 보리, 밀 등의 전분을 섞어 누룩곰팡이균을 넣어 발효, 숙성시킨 뒤 가공한 간장이다. 수입콩으로 만든 것이 많은데, 국산콩으로 만든 양조간장도 나와 있다. 간장을 사먹는 가정이 많지만 만드는 방법이 쉬우니 되도록 만들어 쓰면 좋다.

된장 | 메주를 발효시켜 만든 된장은 짠맛과 함께 감칠맛을 낸다. 메주에 소금물을 부어 발효되면 간장을 분리하고 먹는 재래식 된장과 소금물을 알맞게 부어 그대로 먹는 개량식 된장이 있다.

고추장 | 짠맛과 매운맛을 함께 내는 고추장에는 단백질, 지방, 비타민 B_2, 비타민 C, 카로틴 등 몸에 좋은 영양성분이 많다. 고추의 캡사이신 성분에 소화, 비만 예방, 항암효과도 있다.

용도에 맞는 기름으로

기름마다 용도가 조금씩 다르니 알고 쓰는 것이 좋다.

현미유 | 영양 많은 현미로 만든 식물성 기름으로 맛과 향이 좋다. 발연점이 높아 볶음, 튀김, 구이 등에 두루 쓸 수 있다.

참기름 | 열에 약하므로 열을 가하지 않는 나물무침, 비빔밥 등에 어울린다.

들기름 | 들깨를 압착해서 만든 들기름은 독특한 향이 좋아 김구이에 쓰면 맛이 좋다. 참기름보다 열에 강하다. 뚜껑 덮어 어둡고 서늘한 곳에 보관한다.

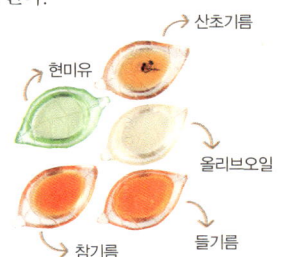

올리브오일 | 저온 가열요리나 샐러드드레싱에 많이 쓴다.

산초기름 | 산초나무 열매를 짜서 얻는 기름으로 전을 부치거나 나물을 무칠 때 좋다. 눈과 폐에 특히 좋고 냉증을 풀어준다.

천연조미료 만들어 쓰기

채수를 만들어 쓰면 국물 맛이 더 진해지고 맛간장, 간장 만드는 법도 어렵지 않다.
조청이나 발효액, 가루조미료도 몇 가지만 만들어 두면 간편하다.
화학첨가물 없이 내손으로 만들면 안심하고 쓸 수 있어서 좋다.

채수(1리터)

채수는 다시마와 표고버섯을 푹 끓여서 만든 국물이다. 채수를 만들어서 국물요리나 조
림, 볶음 등 필요할 때마다 쓰면 화학조미료를 넣지 않아도 국물 맛이 좋다.

재료 다시마 손바닥크기 2장, 마른 표고버섯 3개, 물 5컵

① 다시마 는 물기를 꼭 짠 행주로 하얀 가루를 살살 닦는다. ② 표고버섯은 흐르는 물에 깨
끗이 씻는다. ③ 냄비에 다시마와 표고버섯, 물을 넣고 10분 정도 끓인다. ④ 다시마를 건져내고 약한 불에서 더 끓여 국
물이 우러나면 표고버섯도 건진다. ⑤ 채수는 식혀서 냉장보관해 쓰고, 건더기는 채 썰어 간장, 참기름, 통깨로 양념해
먹거나 고명으로 넣는다.

맛간장(1리터)

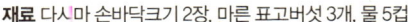

요리에 사용하는 맛간장은 만들어서 두고 사용하면 편리하다. 아이들 요리에 넣는 맛간장은 조금 싱겁게 만드는 게 좋
다. 만들어 놓은 채수가 있을 때는 채수 4 : 진간장 1의 비율로 타서 사용한다.

재료 우리콩 진간장 1컵, 다시마 10×10cm 1장, 마른 표고버섯 3개, 물 4컵

① 다시마는 물기를 꼭 짠 행주로 먼지를 닦고 표고버섯은 깨끗이 씻어 준비한다. ② 냄비에 재료를 모두 넣고 한소끔
끓인 다음 체에 거른다. ③ 만든 맛간장은 냉장고에 두면 일주일 정도 보관이 가능하다.

간장(1리터)

사먹는 양조간장(진간장) 대신 국간장에 콩과 다시마, 표고버섯 등을 넣어 직접 만들어 쓸 수 있다. 음식의 잡내를 없애
고 간을 맞추는 데 좋다.

재료 국간장 7~8컵, 서리태 1/2되, 다시마 10×10cm 1개, 무 1개, 마른 표고버섯 10개, 조청 1컵, 물 5.4리터

① 물 5.4리터(1.8리터 페트병으로 3병)을 큰 냄비에 붓고 서리태, 다시마, 무, 표고버섯을 넣어 끓인다. ② 재료가 흐물흐물해질 때까지 끓인 후 건더기를 면보에 거른다. ③ 국간장, 조청을 넣어 간을 맞추어 가며 다시 한번 끓인다. ④ 완성된 간장은 식혀서 유리병에 담아 냉장고에 넣어두고 쓴다.

조청(2컵)

밥과 엿기름, 물만 있으면 쉽게 조청을 만들 수 있다. 떡을 찍어 먹거나 요리할 때 설탕 대신 넣는다.

재료 밥 2공기, 엿기름 2컵, 물 7컵

① 식혜주머니에 엿기름을 넣고 미지근한 물에 조물조물한 후 식은 밥과 함께 전기밥솥에 붓는다.
② 전기밥솥을 '보온' 상태로 뚜껑을 덮고 4시간 정도 둔다. ③ 밥알이 10알 정도 떠오르면 밥알과 엿기름 주머니를 빼고 꼭 짠다. ④ 삭힌 밥물을 냄비에 올려 가끔 저어가며 끓인다. 또는 전기밥솥의 뚜껑을 열고 '취사' 상태로 끓인다. 원하는 농도보다 약간 묽을 때 불을 끈다.

매실발효액

과일이나 채소를 설탕과 1:1로 버무려서 잘 숙성시킨다. 적어도 3개월 이상 숙성시켜야 설탕이 충분히 녹는데, 이때 걸러서 쓴다. 과일발효액은 제철 과일값이 쌀 때 만들어 두면 언제든지 과일주스처럼 마실 수 있다.

재료 매실·유기농 설탕 1kg씩, 죽염 1큰술, 항아리 1개, 한지 1장, 고무줄 1개

① 매실은 깨끗이 씻어 꾸들꾸들 말린다. 황매실로 준비하면 더 좋다. ② 항아리를 깨끗이 씻어 잘 말린다. ③ 설탕의 1/5을 남겨두고 나머지 설탕과 매실을 고루 버무려 항아리에 담고 손으로 잘 누른다. ④ 남긴 설탕을 매실 위에 두껍게 뿌리고, 그 위에 죽염을 뿌린다. ⑤ 항아리를 한지로 덮고 고무줄로 묶어서 햇볕이 들지 않는 어두운 곳에 둔다. 한지에 담은 날짜, 내용물, 양 등을 기록하면 좋다. ⑥ 발효되는 동안 밑바닥의 설탕을 저어주고 재료도 아래위로 뒤집어 둔다. ⑦ 보름 정도 지나 재료는 건져내고 한지 덮개를 해서 3개월 정도 더 숙성시킨다.

가루조미료

잘 말린 버섯이나 다시마, 들깨 등은 특히 많이 쓰는 가루조미료이고 산초, 잣 등도 잘 갈아서 용도에 맞게 사용한다.

들깨가루
표고버섯가루
수수가루
콩가루
산초가루   녹차가루

표고버섯가루 | 마른 표고버섯을 바싹 말리거나 마른 팬에 볶아 곱게 간다. 국물을 내거나 찌개, 조림 등에 쓴다.
콩가루 | 말린 콩을 말려 분쇄기에 간다. 국수반죽이나 쑥국 등에 넣는다.
산초가루 | 살균, 해독효과가 있는 산초가루는 향신료로 쓴다.
들깨가루 | 볶은 들깨를 곱게 간다. 말린 나물을 볶거나 국 끓일 때 넣으면 구수하고 영양도 높인다. 생들깨를 사용해도 좋다.
수수가루 | 국수, 만두피에 넣거나 이유식, 선식에 타 먹으면 좋다.
녹차가루 | 기름진 요리나 쿠키, 아이스크림 등을 만들 때 어울린다.

말려서 두고두고 먹는다
제철 식품 갈무리

예전에는 '갈무리'라고 해서 가을이면 채소, 과일을 햇볕에 말려 겨우내 먹었다.
말리면 식품의 맛과 모양이 달라지고 영양이 더 풍부해지는 식품들이 많다.
햇볕 좋은 날에 무나 연근, 도토리묵 등 가족들이 좋아하는 식품을 말려 보자.

말린 채소와 과일이 왜 좋을까?

'말린 스품'은 색소, 방부제, 인공감미료 등 화학첨가물이 들어가지 않은 천연 식재료이다. 말리면서 영양도 더 우수해진다. 제철 채소와 과일을 말리면 먼저 수분이 빠지면서 영양 밀도가 10배까지 높아진다.

예를 들어 무는 100g당 칼슘이 310mg으로 말리기 전보다 10배 이상 늘어난다. 표고버섯은 말리면 단백질이 90배, 비타민 D는 16배 증가한다. 말린 사과는 말리기 전에 비해 칼슘, 비타민 C가 5배 늘어난다.

또한 두뇌를 많이 쓰는 학생이나 직장인, 노인, 영양섭취가 불균형한 사람, 소화흡수가 잘되지 않는 사람은 말린 식품을 꾸준히 먹으면 위에 부담을 주지 않는 적은 양으로도 영양을 보충할 수 있어서 좋다.

다만 당뇨병, 비만, 대사증후군이거나 중성지방이 많은 경우에는 당도가 높은 말린 과일보다는 신선한 채소를 가까이하는 것이 좋다.

잘 말리는 요령 5가지

제철 식품이 좋다 | 갈무리하기에 좋은 계절은 가을. 단맛이 들기 시작한 가을무나 버섯 종류는 말리기도 쉽다. 하지만 계절 상관없이 가족들이 좋아하는 제철 식품을 말리면 된다.

데쳐서 말리는 것을 구분한다 | 가지, 애호박, 감자, 고구마 등은 씻어서 물기를 제거한 후 편썰기 해 그대로 말린다. 열무, 토란대, 고춧잎 등 잎이 달렸거나 잎 자체를 먹는 채소는 깨끗하게 손질해서 소금물에 데쳐 말린다.

식품건조기를 활용한다 | 마당이나 베란다가 없다면 식품건조기를

무말랭이

도토리묵

이용해 채소와 과일을 말린다. 채소에 맞는 온도로 시간을 정해 자주 뒤집어주고 겹치지 않도록 해야 골고루 마른다.

말린 후 보관도 중요하다 | 말린 채소·과일은 곰팡이가 피거나 눅눅해지지 않도록 보관해야 한다. 채소는 그물망이나 종이봉지에 넣어 통풍이 잘 되는 곳에 걸어둔다. 하지만 과일은 수분 흡수가 잘 되므로 유리병이나 밀폐용기, 냉동실 등에 보관하는 것이 좋다. 식품마다 이름과 말린 날짜를 적어둔다.

남는 채소·과일은 잼, 절임, 발효액, 술을 담근다 | 채소와 과일로 만든 발효액은 더운 여름에는 얼음 동동 띄워 음료수로 마시면 갈증이 싹 가신다. 흠집 난 과일은 상한 부분을 도려낸 뒤 발효액, 식초를 담그면 좋다. 과일잼은 빵, 쿠키를 만들 때 넣고, 과일 절임은 손님상에 디저트로 어울린다.

쉽게 말릴 수 있는 채소

옥수수 | 여름에 옥수수를 알알이 떼어 햇볕에 바싹 말린다. 말린 옥수수를 기름을 살짝 두른 팬에 넣고 볶다가 뚜껑을 닫으면 홈메이드 팝콘, 물에 살짝 불렸다가 쌀과 함께 밥을 지으면 구수한 옥수수밥을 먹을 수 있다. 옥수수염은 말려두면 부종이나 다이어트에 좋은 건강차가 된다.

고사리 | 4~5월에 고사리의 억센 부분은 떼어내고 끓는 소금물에 데친다. 데친 고사리는 채반에 펼쳐 햇볕에서 말린다.

취나물 | 4월 또는 9~10월 햇볕이 좋은 날에 말린다. 억센 부분을 다듬고 끓는 소금물에 데친 다음 채반에 펴서 통풍, 햇볕이 잘 드는 곳에서 서로 겹치지 않게 바싹 말린다.

가지 | 중간 크기를 골라 꼭지 부분을 남기고 길이로 8등분을 내서 실에 꿰어 말리거나 끓는 소금물에 데쳐서 찬물에 헹군 뒤 얄팍하게 편으로 썰어 뒤집어 가면서 바싹 말린다. 말린 가지는 물에 적당히 불려 참기름, 소금으로 간해 볶으면 쫄깃쫄깃 씹는 맛이 좋다.

애호박 | 늦여름과 초가을 따뜻한 햇살에 말린다. 껍질째 얇고 둥글게 썰어서 말린다.

늙은 호박 | 껍질을 벗기고 씨를 파낸 후 긴 끈처럼 만들어 줄에 널어서 말린다. 꾸들꾸들 마르면 타래를 지어서 보관한다.

고구마 | 껍질째 깨끗이 씻어 동글동글 편으로 썬 다음 채반에 펴놓고 꾸덕꾸덕하게 말린다. 고구마 외에도 연근, 감자 등은 말려서 튀겨내면 과자 대신 아이들 건강간식으로 좋다.

도라지·더덕 | 깨끗이 씻어 껍질을 벗긴 도라지는 약한 소금물에 헹군 후 2~3쪽으로 갈라 햇볕에서 말린다. 더덕은 방망이로 편편하게 펴서 말린다. 좋은 볕에 얼른 말리지 않으면 누렇게 된다.

무 | 가을에 중간 크기의 동치미무를 깨끗이 씻어서 껍질째 먹기 좋은 크기로 도톰하게 썰어 말린다. 바람이 잘 통하는 곳에서 채반에 골고루 펴서 말린다. 자주 뒤집어가며 잘 말려두면 입맛 살리는 밑반찬이 된다. 무청은 끓는 물에 소금을 조금 넣어 재빨리 데친 후 그대로 말린다.

제철 밥상달력

이왕이면 제철에 나는 식품으로 가벼운 자연밥상을 준비하는 것이 지혜롭다.
맛과 영양이 뛰어나고, 구하기 쉽고, 저렴하니 일석삼조의 효과가 있다.
매실발효액 같은 발효액도 몇 가지 만들어 두고 마시거나 요리에 쓰면 좋다.

1월	**과일** 귤, 레몬, 사과 **채소** 무, 연근, 우엉, 브로콜리, 아욱, 당근, 칡, 방울토마토, 시금치 **제철 요리** 연근조림, 청각김치, 톳김치, 다시마장아찌, 호두장아찌, 호박고추장, 청국장 **발효액 만들기** 칡뿌리, 돼지감자, 상황버섯, 말굽버섯, 운지버섯
2월	**과일** 사과, 감귤, 레몬, 유자 **채소** 다시마, 달래, 돼지감자, 무말랭이, 씀바퀴, 양상추, 파래, 봄동, 방울토마토, 청각 **제철 요리** 파래무침, 다시마장아찌, 돼지감자샐러드, 무나물, 무말랭이장아찌, 봄동겉절이, 청각김치, 　　　　　호두장아찌 **발효액 만들기** 냉이, 돌미나리, 칡뿌리, 겨우살이
3월	**과일** 딸기, 금귤 **채소** 개망초, 고들빼기, 냉이, 돌나물, 돌미나리, 봄동, 취나물, 방울토마토 **제철 요리** 고들빼기김치, 냉이콩가루무침, 돌나물김치, 봄동달래겉절이, 유채김치 **발효액 만들기** 돌나물, 쑥부쟁이, 냉이, 동백꽃
4월	**과일** 금귤, 딸기, 살구, 사과 **채소** 겨자, 고비, 고사리, 두릅, 미나리, 쑥, 쑥갓, 죽순, 아스파라거스 **제철 요리** 쑥단자, 쑥떡, 쑥미숫가루, 쑥비지, 쑥빵, 쑥지짐, 쑥튀김, 아스파라거스샐러드, 두릅김치, 　　　　　고구마장아찌 **발효액 만들기** 참취, 칡순, 진달래꽃, 매화꽃, 벚꽃, 다래순, 녹차순, 으름꽃, 자운영, 뽕잎, 참쑥
5월	**과일** 딸기, 앵두, 금귤 **채소** 감잎순, 가죽나무순, 고구마순, 마늘종, 부추, 근대, 달맞이순, 당귀잎, 머위, 민들레순, 　　　　소루쟁이, 수영, 시금치, 쑥갓, 질경이, 참나물, 호박잎 **제철 요리** 가죽순장아찌, 가죽순무침, 쑥갓두부무침, 참나물물김치, 참나물무침, 머위장아찌, 　　　　　민들레나물, 고구마순김치, 고구마순들깨무침 **발효액 만들기** 오디, 머위, 소루쟁이, 아카시아꽃, 쑥갓, 질경이, 찔레순, 호박순, 뽕잎

6월	**과일** 매실, 토마토, 참외, 자두, 오디
	채소 강낭콩, 방울토마토, 부추, 상추, 쑥갓, 순무, 얼갈이, 열무, 풋고추, 아욱, 오이, 근대, 옥수수
	제철 요리 매실고추장, 매실장아찌, 매실잼, 매실청, 봄배추된장국, 부추겉절이, 상추쌈, 상추겉절이, 쑥갓상추쌈, 얼갈이김치, 죽순김치
	발효액 만들기 함초, 산딸기, 감꽃, 매실, 쇠비름, 죽순, 창포
7월	**과일** 산딸기, 아보카도, 자두, 복숭아, 수박, 참외, 멜론
	채소 감자, 깻잎, 노각, 오이, 토마토, 풋고추, 피망, 호박잎, 양상추, 애호박, 당근, 오이, 생강, 열무, 가지, 단호박
	제철 요리 깻잎김치, 깻잎나물, 노각무침, 노각찌개, 애호박찜, 애호박선, 열무김치, 단호박밥, 가지무침, 가지장아찌, 가지냉국, 가지전
	발효액 만들기 감자, 고삼, 달맞이꽃, 돌복숭아, 산딸기, 솔방울
8월	**과일** 복숭아, 수박, 포도, 참외, 멜론, 머루
	채소 가지, 고추, 고춧잎, 느타리버섯, 능이버섯, 단호박, 목이, 애호박, 양배추, 옥수수, 참깨
	제철 요리 버섯들깨볶음, 버섯전, 단호박전, 단호박묵, 단호박꿀무침, 양배추김치, 양배추쌈, 옥수수전, 옥수수밥, 고춧잎무침, 고추김치, 버섯전골
	발효액 만들기 칡꽃, 가지, 수박, 수세미, 애호박, 장미, 무화과, 머루, 연잎
9월	**과일** 사과, 배, 포도, 석류, 무화과, 밤, 감, 대추
	채소 다래, 당근, 토란, 도토리, 셀러리, 표고버섯, 느타리버섯, 싸리버섯, 아주까리, 양배추, 청미래덩굴, 풋콩, 햇기장, 햇녹두
	제철 요리 토란탕, 도토리묵구이, 도토리묵냉채전, 도토리묵탕수, 도토리묵장아찌, 표고버섯탕수, 표고버섯전, 녹두전, 싸리버섯볶음, 밤장아찌, 감장아찌, 대추죽
	발효액 만들기 석류, 다래, 오미자, 망개, 고구마, 더덕순, 감자
10월	**과일** 감, 대추, 석류, 사과, 밤, 대추, 유자, 모과, 오미자
	채소 송이버섯, 수수, 야콘, 양송이버섯, 월동초, 토란, 땅콩, 양배추, 시금치, 고추, 팥, 연근, 우엉, 당근, 오이, 느타리버섯, 무, 셀러리, 옥수수, 순무, 갓
	제철 요리 송이버섯밥, 송이버섯장아찌, 토란밥, 팥양갱, 셀러리피클, 순무김치, 갓김치, 국화전, 연근오미자조림, 양송이된장찜
	발효액 만들기 석류, 국화, 더덕, 대추, 민들레뿌리, 작약뿌리, 둥글레뿌리, 당귀뿌리, 고구마줄기
11월	**과일** 대추, 모과, 유자, 사과, 귤, 키위, 은행, 배
	채소 고추, 기장, 늙은호박, 더덕, 배추, 순무, 연근, 우엉, 브로콜리, 당근, 시금치, 양송이버섯, 셀러리, 생강, 무, 토마토
	제철 요리 더덕전, 더덕찹쌀구이, 배추전, 배춧국, 사과계피만두, 대추두부완자조림, 호박전, 호박찌개, 브로콜리된장무침, 당근전, 당근죽
	발효액 만들기 쑥뿌리, 칡뿌리, 가을무, 배추, 생강, 오가피열매, 야생갓, 케일
12월	**과일** 귤, 유자, 키위, 사과, 바나나, 배
	채소 생강, 무, 연근, 당근, 우엉, 늙은호박, 산마, 셀러리, 고추
	제철 요리 마찜, 마구이, 마샐러드, 우엉잡채들깨샐러드, 우엉찜, 우엉구이, 연근소박이튀김, 연근전, 연근탕수, 연근피자, 무조림, 무나물, 무말랭이무침
	발효액 만들기 생지황, 유자, 겨우살이, 돼지감자

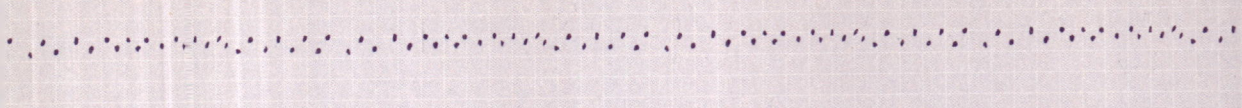

Part 01
매일 맛있는 반찬

두부장아찌 · 두부녹차찜 · 밤장아찌 · 김장아찌 · 무말랭이무침 · 무조림
모둠채소피클 · 깻잎양념찜 · 죽순볶음 · 곤약조림 · 가지선 · 가지김치전 · 해초두부무침
수박껍질말랭이조림 · 파래전 · 돌나물버섯회 · 양배추김치 · 백김치 · 얼갈이배추김치

두부장아찌

식물성 단백질이 풍부한 두부를 사찰에서는 장아찌로도 즐겨 먹는답니다.
두부를 노릇노릇 굽고 맛간장과 조청을 끓인 양념장을 부어 만들어요.
만들기 쉽고 맛이 좋아 죽을 먹을 때 내면 잘 어울리는 반찬이에요.

재료

두부 2모, 현미유 적당량
양념장 맛간장 1과 1/2컵, 생강 1톨, 마른 고추 1개, 조청 3큰술

이렇게 만들어요

1 부침용 두부로 준비해 1cm 두께로 자른다.

2 달군 팬에 현미유를 두르고 두부를 노릇노릇하게 굽는다.

3 구운 두부가 식으면 먹기 좋은 크기로 자른다.

4 분량의 재료를 넣어 양념장을 끓인다.

5 ④의 양념장이 식으면 두부에 붓는다. 반나절 정도 지나면 양념이 적당히 배어 먹을 수
  있다.

구운 두부의 기름기를 빼도 좋아요
기름기가 싫으면 구운 두부에 뜨거운 물을 부어 채에 밭쳐서 쓰세요.

된장장아찌도 만들어 보세요
어른들이 먹기 좋은 두부된장장아찌를 만들어 보세요. 두부를 으깨서 물기를 뺀 후 작은 단지에 된
장, 두부를 켜켜이 넣고 2주 정도 지나면 꺼내서 통깨, 참기름으로 양념해 먹는답니다. 쉽게 만들
수 있고 맛이 좋아 밥도둑이 따로 없어요.

두부녹차찜

녹차잎을 넣어 두부를 조렸더니 깔끔한 맛의 조림이 되었어요.
모양틀로 두부, 무의 모양을 내면 아이들이 더 잘 먹는답니다.
엄마, 아빠에게는 영양을 챙기면서 다이어트에 좋은 반찬이에요.

재료

두부 1모, 무 1/4개, 불린 표고버섯 3장, 풋고추 · 붉은 고추 1개씩
양념장 찻잎 1작은술, 맛간장 2컵, 조청 2큰술, 고춧가루 · 통깨 1큰술씩, 채수 1/2컵

이렇게 만들어요

1 두부는 1~1.5cm 정도 두께로 잘라 준비한다.

2 무는 0.5cm 정도로 얇게 썰어 준비한다. 모양틀로 모양을 내도 좋다.

3 불린 표고버섯은 고명으로 올릴 수 있게 곱게 채 썬다. 갓이 두꺼우면 포를 떠서 채 썬다.

4 풋고추 · 붉은 고추도 곱게 채 썰어 놓는다.

5 분량의 재료를 섞어서 양념장을 만든다.

6 냄비 맨 아래에 무를 깔고 두부를 올린 다음 채 썬 표고버섯, 고추를 넣고 양념장을 조금씩
  끼얹어가며 켜켜이 쌓는다.

7 약한 불에서 양념이 골고루 배도록 국물을 끼얹어 가면서 조린다.

밤장아찌

밤으로 장아찌를 만들면 포근포근 색다른 밑반찬으로 인기 끈답니다.
밤에는 예민한 아이를 안정시키는 성분이 들어 있고, 숙취 해소 효과도 있어요.
가을에 밤이 제철일 때 조림장을 심심하게 만들어 보세요.

재료

밤 1kg
조림장 맛간장 6컵, 설탕 1컵, 조청 · 청주 1/2컵씩

이렇게 만들어요

1 밤은 속껍질을 벗기고 깨끗이 씻어서 물기를 없앤다.

2 냄비에 분량의 재료를 넣고 조림장을 끓여서 식힌다.

3 단지 안에 밤을 담고 ②의 조림장을 붓는다. 밤이 뜨지 않게 돌로 눌러준다.

4 일주일 정도 지나 조림장만 따라내어 끓인 다음 식혀서 밤에 다시 붓는다. 이것을 2~3회
　반복한다.

5 한 달쯤 지나면 맛이 밴 밤을 꺼내서 상에 낸다.

온가족이 좋아하는 건강간식, 밤
밤에는 비타민 A가 많아 눈건강에도 좋답니다. 또한 항산화성분이 풍부해 피부에 좋고,
칼슘이 들어 있어 골다공증 예방 효과가 있어요.

매운맛을 내도 좋아요
조림장에 마른고추나 청양고추를 3개 정도 넣으면 어른들이 좋아하는 맛을 낼 수 있어요.

밤장아찌를 양념으로 무쳐 보세요
맛 든 밤장아찌를 꺼내 얇게 썬 다음 고추장, 매실발효액, 참기름을 넣어 무쳐도 맛이 좋아요.
어른 입맛에 잘 맞는 반찬이랍니다.

김장아찌

주로 굽거나 부각으로 먹는 김을 장아찌로 만들면 도시락, 여행 밑반찬으로 좋아요.
입맛이 없거나 묵은김이 많이 남았을 때 준비하면 감칠맛 도는 반찬이에요.
잣을 넉넉히 다져 넣으면 고소하게 씹히는 맛까지 어우러져 더 맛있어요.

재료

김 20장, 잣 1/2컵
양념장 맛간장 2컵, 고춧가루 1큰술, 조청 · 참기름 3큰술씩, 통깨 2큰술

4

이렇게 만들어요

1 김은 프라이팬에 살짝 구워서 적당한 크기(4×4cm)로 자른다.

2 잣은 아주 곱게 다져 놓는다. 땅콩을 다져 넣어도 좋다.

3 분량의 재료를 섞어 양념장을 만든다. 잣은 이때 양념장에 넣거나 김을 양념장에 재우면서
  적당히 뿌린다.

4 자른 김을 양념장에 듬뿍 적셔서 반찬통에 차곡차곡 재워 넣는다.

5 두어 시간 뒤에 다른 통으로 옮기면서 한 번 뒤집는다. 서너 번 뒤집어야 맛이 고루 밴다.

고춧가루를 빼면 안 매워요

양념장에서 고춧가루를 빼면 매운 것을 싫어하는 아이들도 잘 먹어요. 양념장을 만들어서 자른 김
을 2~3장씩 잡고 푹 집어넣어요. 용기에 차곡차곡 담은 후 한두 시간이 지나면 아래위로 뒤집어야
고루 맛이 밴답니다. 냉장고에 두면 한 달 정도 보관이 가능해요.

김은 여러 장을 겹쳐서 구워요

김을 구울 때는 약한 불에서 프라이팬 위에 여러 장을 겹쳐 앞뒤로 살짝살짝 구워요.
바깥쪽에 있는 김부터 빼놓고 또 반복하면 된답니다.

무말랭이무침

단맛 나는 가을무로 만든 무말랭이를 매콤달콤하게 무쳤어요.
무에는 해독효과가 있어 아토피 아이에게 좋고 칼슘이 풍부해 엄마에게도,
니코틴의 독을 풀어 담배 피우는 아빠에게도 좋아요.
시간 내어 무말랭이를 만들어 두면 반찬거리 없을 때 두고두고 먹을 수 있어요.

재료
무말랭이 2줌
양념장 맛간장 2컵, 고춧가루 · 조청 1/2컵씩, 찹쌀풀 · 통깨 2큰술씩, 참기름 조금

이렇게 만들어요

1 무말랭이는 그릇에 넣고 흐르는 물에 재빨리 씻어서 체에 밭친다.

2 참기름을 제외한 분량의 재료를 섞어서 양념장을 만든다.

3 씻은 무말랭이는 양념장으로 조물조물 무친 다음 통에 담는다. 무가 살짝 잠길 정도로 양념장이 잘박해야 나중에 무말랭이가 불으면서 국물이 적당해진다.

4 3~4시간이 지나면 간이 배어 먹기 좋아진다. 상에 내기 전 참기름을 조금 넣어 맛을 낸다.

무말랭이가 너무 불지 않도록 해요
무말랭이를 씻을 때 재빨리 씻어야 해요. 오래 씻으면 단맛이 빠져 나가고, 많이 불어 맛이 없어진 답니다. 마른 고춧잎을 넣어 무칠 때도 물에 얼른 씻어서 물기를 빼고 넣어요.

무말랭이로 장아찌를 만들어요
맛간장에 조청을 넣고 끓여 조림장을 만들어요. 식으면 무말랭이에 붓고 5일쯤 지나 간장을 따라내 다시 끓이세요. 이것을 식혀서 부었다가 무말랭이에 간이 배면 꺼내 먹어요. 조물조물 양념해 무치거나 다져서 만두소에 넣으면 겨울철 별미랍니다.

무조림

큰직하게 썬 무를 들기름으로 볶고 채수를 부어 푹 조렸어요.
시원한 맛의 무조림은 '무왁저지'라고 해서 사찰에서 자주 먹는 반찬이랍니다.
소화효소인 아밀라아제가 많은 무는 소화를 돕고, 해독효과가 있어요.
칼슘도 시금치의 4배나 된답니다.

재료
무 1/3개, 표고버섯 5개, 다시마(손바닥 크기) 2장, 은행 1/2컵
양념 국간장 4큰술, 고춧가루 · 들기름 1큰술씩, 채수 3컵

이렇게 만들어요

1 무는 큰직큰직하게 썰어서 모서리를 칼로 둥글게 깎는다. 모서리를 다듬으면 조리면서
무가 부서지지 않아 깔끔하다.

2 다듬은 무에 국간장, 채수를 부어 충분히 절인다. 무를 절인 물은 버리지 않고 그대로
둔다.

3 다시마와 표고버섯은 깨끗이 씻어 한두 시간 정도 물에 불린 다음 큰직하게 썬다.

4 냄비에 들기름을 넣고 무가 부서지지 않게 볶다가 무를 절였던 채수를 자작하게 붓고
끓인다.

5 끓으면 뚜껑을 열고 고춧가루를 넣어 더 조린다.

6 무가 반쯤 익었을 때 ③의 다시마, 표고버섯, 은행을 넣고 약한 불에서 국물이 거의
없어질 때까지 조린다.

무의 속을 파내고 조려도 좋아요
큰직하게 썬 무의 속을 파내고 조리면 모양이 근사해요. 상에 낼 때 무에 표고버섯, 다시마, 은행을
넣어요.

모둠채소피클

채소 싫어하는 아이들도 새콤달콤한 맛의 피클은 잘 먹어요.
냉장고에 남은 채소가 많을 때는 피클을 만들어 보세요.
비율대로 끓인 피클물을 식혀서 붓기만 하면 반나절 지나 바로 먹을 수 있답니다.

재료
무 · 적양배추 1/4개씩, 오이 1개, 브로콜리 1/2개
피클물 식초 · 설탕 1과 1/2컵씩, 레몬 1/2개, 비트 1/4개, 피클링스파이스 조금, 물 3컵

이렇게 만들어요

1 피클링스파이스와 레몬을 제외한 피클물 재료를 냄비에 넣어 끓인 후 피클링스파이스를
  넣고 3분 정도 더 끓인다.

2 피클물에 레몬을 슬라이스해서 넣고 식힌다.

3 무, 적양배추, 오이는 손가락 마디 정도로 길쭉하게 썰고 브로콜리는 작은 송이로 나눈다.

4 썰어놓은 채소가 살짝 잠길 정도로 ②의 식힌 피클물을 붓는다.

5 반나절 정도 지나면 꺼내 먹는다.

피클물은 젓지 않고 끓여요
피클이나 장아찌는 양념 비율만 맞추면 실패할 일이 적어요. 다만 피클물을 끓일 때는 젓
지 말고 바글바글 끓여야 해요. 젓지 않고 끓여야 시럽처럼 되어 맛과 모양이 더 좋아요.

청양고추를 넣어도 좋아요
어른들이 먹을 땐 청양고추를 조금 잘라 넣으면 칼칼한 맛을 낼 수 있어요.

깻잎양념찜

향긋한 깻잎에 양념장을 발라서 살짝 찌면 풋내가 사라지고 간이 잘 배어 맛이 좋아요.
손이 가는 반찬이 없을 때 만들면 밥 한 그릇은 뚝딱~ 비울 수 있어요.
표고버섯과 고추, 밤을 채 썰어 넣어 맛과 영양을 더해 보세요.

재료

깻잎 100장, 불린 표고버섯 5개, 풋고추 · 붉은 고추 2개씩, 밤 5개
양념장 간장 6큰술, 고춧가루 · 조청 · 참기름 1큰술씩, 깨소금 1작은술, 채수 1/2컵

이렇게 만들어요

1 깻잎은 한 장씩 깨끗이 씻어 물기를 턴다.

2 표고버섯은 기둥을 떼어내고 씻어서 가늘게 채 썬다.

3 고추는 반으로 갈라 씨를 털어내고 가늘게 채 썬다.

4 밤은 속껍질을 벗겨 채 썬다.

5 분량의 재료를 잘 섞어 양념장을 만든다.

6 냄비에 깻잎 4장 정도를 겹쳐 담고 위에 채 썬 재료를 고루 올린 다음 양념장을 바른다.
   이것을 반복해 깻잎을 켜켜이 쌓는다.

7 냄비 뚜껑을 덮고 1~2분 정도만 살짝 끓인다.

죽순볶음

재료

죽순(중간 크기) 2개, 풋고추·
붉은 고추 1개씩, 국간장 1큰술,
현미유 조금, 쌀뜨물 4컵

이렇게 만들어요

1 죽순은 너무 굵지 않은 것으로 준비해 껍질을 벗긴 다음 적당한 크기로 잘라서 쌀뜨물을
  부어 삶거나 된장을 조금 푼 물에 삶는다.

2 삶은 죽순은 깨끗이 헹구어 3~4시간 물에 담가두었다가 채 썬다.

3 고추는 씨를 빼고 채 썰어 준비한다.

4 달군 팬에 현미유를 두르고 채 썬 죽순을 볶다가 국간장으로 간하고 채 썬 고추를 넣어 한
  번 더 볶는다.

곤약조림

재료

곤약묵 1개, 소금 조금
조림장 맛간장 2컵, 조청 3 큰술,
현미유 1큰술, 참기름 · 통깨 조금씩

조청은 나눠서 넣어요
조림반찬을 할 때 조청을 넣으
면 단맛이 나면서 윤기도 나니
일석이조의 효과가 있어요. 처
음에는 조청을 반만 넣고, 조림
이 다 되었을 때 불을 세게 올
려서 나머지 조청을 넣고 섞어
주어야 반짝반짝 윤기가 나요.

이렇게 만들어요

1 곤약묵은 적당한 크기로 썰어서 칼끝을 세워 2cm 정도 길이로 3줄의 칼집을 낸 다음
  윗부분을 잡고 가운데 칼집 부분으로 빼서 타래 모양을 만든다.

2 ①의 곤약묵을 끓는 물에 소금을 넣고 살짝 데쳐 특유의 비린내를 없앤다.

3 데친 곤약에 맛간장, 조청, 현미유를 넣고 중간 불에서 천천히 오래 조린다.

4 국물이 약간 남을 정도로 조려지면 불을 끄고 참기름, 통깨를 넣는다.

가지선

재료

가지 1개, 표고버섯 2개,
풋고추 · 붉은 고추 1개씩
양념장 맛간장 1/2컵, 고춧가루 ·
조청 · 참기름 · 통깨 1큰술씩

찐 가지를 무쳐 보세요

재료 : 가지 3개, 국간장 ·
참기름 · 통깨 1큰술씩

① 가지는 꼭지를 떼고 열십자
로 길게 잘라 찜통이나 전자레
인지에 찐다. ② 찐 가지는 식혀
서 젓가락으로 쭉쭉 찢은 다음
양념장을 만들어 무친다. 양념
장에 고춧가루를 1/2큰술 넣어
도 좋다.

이렇게 만들어요

1 가지는 깨끗이 씻어서 두 토막 낸 다음 세로로 반을 가르고 가지의 등 쪽에 칼집을 낸다.

2 표고버섯은 곱게 채 썰어 팬에 기름을 두르지 않고 볶아 물기를 없앤다.

3 풋고추 · 붉은 고추는 어슷썰기로 곱게 썬다.

4 칼집을 낸 가지를 김이 오르는 찜통에서 찐다.

5 분량의 재료를 고루 섞어서 양념장을 만든다.

6 가지가 식으면 칼집을 낸 부분에 채 썬 표고버섯, 고추를 보기 좋게 넣는다.

7 접시에 찐 가지를 담고 양념장을 끼얹어 낸다.

가지김치전

재료

가지 2개, 배추김치 3줄기,
녹말가루 1큰술, 소금 조금
밀가루옷 통밀가루 · 물 1컵씩

가지를 말려 보세요

가지나 포도, 블루베리 등
보라색 식품에는 '안토시
아닌' 색소가 풍부해 항산
화 효과가 뛰어나요. 단맛
이 강한 끝물 가지를 저며서 햇
볕에 말려 냉동보관했다가 나
물, 전 등으로 먹으면 좋아요.

이렇게 만들어요

1 가지는 길이로 2등분하여 0.5cm 정도로 얇게 썬 다음 소금을 뿌린다.

2 김치는 익은 것으로 준비해 물기를 꼭 짜고 송송 썰거나 잘게 다진다.

3 통밀가루에 물을 넣고 멍울 없이 밀가루옷을 만든다.

4 가지에 녹말가루를 고루 뿌리고 썬 김치를 얹은 후 ③의 밀가루옷을 입힌다.

5 팬에 기름을 두르고 밀가루옷 입힌 가지를 올려 노릇노릇하게 전을 부친다.

해초두부무침

재료

해초 1컵, 두부 1/2모, 통깨 3큰술
무침 양념 참기름 · 통깨 1큰술씩,
소금 1작은술

된장으로 무쳐도 좋아요
소금 대신 된장을 조금 넣어 무
쳐 보세요. 된장의 감칠맛과 해
초, 두부의 맛이 잘 어울려요.

이렇게 만들어요

1 해초는 다듬어 씻어서 물기를 빼고 적당한 크기로 썬다.

2 두부는 칼등으로 곱게 으깬다.

3 통깨는 절구에 넣어 약간 굵게 간다.

4 큰 그릇에 썬 해초와 으깬 두부, 무침 양념을 넣어 고루 버무린다.

수박껍질
말랭이조림

재료

말린 수박껍질 2줌, 호두 10개
조림장 맛간장 1컵, 조청 1/2컵

수박껍질을 말려 써요
먹고 남은 수박껍질
의 초록색 부분을 잘라
내고 말리세요. 여름 햇볕에 하
루 말려서 냉동보관했다가 무
말랭이처럼 무침, 조림으로 먹
으면 쫄깃쫄깃해요.

이렇게 만들어요

1 수박속껍질은 손가락 굵기로 썰어 햇볕에서 꾸들꾸들 말린 것으로 준비한다.

2 호두는 깨끗이 씻어 먹기 좋은 크기로 자른다.

3 맛간장에 조청을 반만 넣어 끓인다.

4 조림장이 끓으면 말린 수박껍질, 호두를 넣어 센 불에서 조린다.

5 ④가 한소끔 끓으면 불을 약하게 해서 남은 조청을 넣고 조림장이 거의 없어질 때까지
   윤기 나게 조린다.

파래전

재료

물파래 2줌, 통밀가루 2컵, 소금 1큰술,
현미유 적당량, 채수 2컵
양념장 간장 2큰술, 통깨 1작은술

참마, 쌀가루를 넣어도 맛있어요
참마를 갈아 파래, 쌀가루를 넣고
전을 붙여 보세요. 통밀가루만 넣
은 것보다 훨씬 맛이 좋아요.

**양념장에 고춧가루를 넣어도
좋아요**
간장 양념장에 고춧가루를 1작
은술 넣으면 칼칼한 맛을 낼 수
있어요.

이렇게 만들어요

1 물파래는 깨끗이 씻어서 물기를 꼭 짠 다음 먹기 좋은 크기로 자른다.

2 통밀가루에 채수, 소금을 넣어 반죽하고 자른 파래를 넣어 섞는다.

3 달군 팬에 현미유를 두르고 반죽을 한 숟가락씩 떠서 노릇노릇하게 부친다.

4 분량의 재료로 양념장을 만들어 곁들인다.

돌나물버섯회

재료

돌나물 2줌, 표고버섯 3개,
새송이버섯 2개
초고추장 고추장 · 레몬즙 2큰술씩,
식초 · 조청 1큰술씩, 소금 조금

돌나물은 부드럽게 씻어요
조직이 연한 돌나물은 조심스
럽게 씻어야 해요. 너무 많이 씻
으면 풋내가 납니다.
돌나물은 입맛을 돋
우고 피로회복, 해
독효과가 있어요.

이렇게 만들어요

1 돌나물은 찬물에 살살 씻어 체에 밭쳐 물기를 뺀다.

2 표고버섯과 새송이버섯은 깨끗이 씻어서 0.5cm 정도 두께로 썬 다음 끓는 물에 살짝
데친다.

3 분량의 재료를 고루 섞어 초고추장을 만든다.

4 넓은 그릇에 버섯을 먼저 넣어 초고추장으로 버무린 다음, 마지막으로 돌나물을 넣어
살살 버무린다. 버섯만 초고추장으로 버무리고 돌나물은 초고추장을 올려 내서 먹을 때
버무려도 좋다.

양배추김치

가늘게 채 썬 색색의 채소와 과일을 양배춧잎으로 돌돌 말아 한 입 크기로 먹어요.
오미자발효액으로 김치국물을 내면 색이 고와 초대요리로도 손색이 없어요.
시원하고 새콤한 맛에 김치 싫어하는 아이들도 양배추김치는 잘 먹어요.

재료

양배춧잎 7~8장, 오이 1/2개, 피망 · 붉은 피망 · 노란 파프리카 1/3개씩, 무
1토막, 제철 과일 1개(참외, 사과, 배, 복숭아 등), 매실발효액 2큰술, 굵은 소금
적당량
김치국물 소금 · 오미자발효액 · 생강즙 1작은술씩, 채수 4컵

이렇게 만들어요

1 양배추는 심을 도려내고 겉의 큰 잎을 하나씩 벗겨 따뜻한 소금물에 절인다. 양배춧잎을
　 모양 그대로 쓸 때는 심에 칼집을 오각형으로 넣어 자르면 한 잎씩 쉽게 떨어진다.

2 오이는 소금으로 문질러 돌기를 제거하고 씻는다. 씻은 오이는 4cm 길이로 잘라 돌려
　 깎아서 채 썬 다음 소금물에 살짝 절여 놓는다.

3 피망, 파프리카, 무, 과일은 채 썰어 매실발효액, 소금을 넣어 살짝 절인다.

4 절인 채소는 물에 한번 헹구어 물기를 뺀다.

5 절인 양배춧잎을 넓게 편 다음 채 썬 오이, 피망, 파프리카, 무, 과일을 넣고 돌돌 말아
　 그릇에 담는다. 무거운 것으로 위를 눌러 놓아야 맛이 잘 배어든다.

6 분량의 재료를 섞어 만든 국물을 ⑤에 붓는다.

7 하루쯤 지나서 먹기 좋은 크기로 잘라 국물을 곁들여 상에 낸다.

양배추는 따뜻한 소금물에 절여요
양배추를 절일 때는 일반 배추와 달리 소금에 잘 절여지지 않기 때문에 따뜻한 소금물에 5시간 정
도 푹 절여야 해요. 시간이 없을 때는 살짝 숨이 죽을 정도만 데쳐 써도 좋아요.

백김치

고춧가루를 넣지 않으니 아이들도 잘 먹는 김치에요.
설탕 대신 매실발효액를 넣고 배즙과 무즙, 생강즙으로 시원한 국물 맛을 내세요.
상온에서 적당히 익힌 다음 냉장고에 넣어야 맛있어요.

재료

배추 3포기, 무 1개, 배 2개, 붉은 고추 2개, 잣 1/2컵, 굵은 소금 4큰술, 채수 1컵
김칫국물 배즙 · 무즙 1컵씩, 생강즙 1큰술, 소금 4큰술, 매실발효액 3큰술 · 찹쌀풀 2큰술, 채수 2L

이렇게 만들어요

1 배추는 줄기 사이사이가 소금물에 충분히 절여지도록 4~5시간 절인 다음 씻어서 체에
  밭쳐 물기를 뺀다.

2 무는 1/2개는 채 썰고 나머지는 강판에 갈아 즙을 만든다.

3 배도 1/2개는 채 썰고 나머지는 강판에 갈아서 즙을 낸다.

4 붉은 고추는 가늘게 채 썰어 준비한다.

5 찹쌀풀에 배즙, 생강즙, 소금, 발효액을 넣고 섞은 뒤 채 썬 무, 배, 고추, 잣을 모두 넣고
  살살 섞어 소를 만든다.

6 절인 배추 줄기 사이사이에 소를 넣고 겉잎으로 잘 싼 다음 통에 차곡차곡 담는다.

7 분량의 양념으로 국물을 만들어 배추가 잠길 정도로 붓는다.

8 2~3일 지나면 먹기 좋은 크기로 잘라 상에 낸다.

찹쌀풀은 되직하게 끓여요
물 1/2컵과 찹쌀가루 1큰술을 멍울 없이 잘 섞어서 끓여요. 거품기로 잘 저어가며 약간 되직하게
끓여서 식으면 김칫국물에 넣으세요.

버섯과 밤, 대추를 넣어도 좋아요
백김치 소를 만들 때 표고버섯이나 밤, 대추를 채 썰어 넣으면 맛은 물론 영양, 모양이 더 좋아요.

얼갈이배추김치

연한 얼갈이배추를 통째로 살짝 절여서 담그는 김치에요.
봄에서 여름에 얼갈이가 나올 때 담아 익히지 않고 풋풋한 맛으로 먹어요.
물론 익혀서 먹어도 좋답니다. 찹쌀풀 대신 보릿가루로 죽을 쑤어 넣어 보세요.

재료
얼갈이 배추 1단, 보릿가루 1/2컵, 굵은 소금 1/2컵, 채수 3컵
양념 고춧가루 4큰술, 배 1/2개, 붉은 고추 5개, 생강 1톨, 국간장 1큰술, 매실발효액 2큰술

이렇게 만들어요

1 얼갈이배추는 다듬어 씻어서 통째로 굵은 소금을 뿌려 살짝 절인다.

2 보릿가루에 채수를 부어서 죽을 쑤어 식힌다.

3 절인 ①의 얼갈이배추는 깨끗이 헹군 다음 체에 밭쳐 물기를 뺀다.

4 배는 갈아 즙을 내고 붉은 고추, 국간장, 생강을 넣고 함께 간다.

5 ②의 보리죽이 식으면 ④, 남은 양념 재료를 모두 넣어 고루 섞는다.

6 얼갈이배추에 양념을 발라 통에 차곡차곡 담는다.

배추김치를 담그는 방법도 비슷해요
배추김치는 통배추를 절여야 하니 시간만 더 넉넉히 잡으면 생각처럼 어렵지 않아요. 단맛을 내고
싶다면 설탕보다는 과일즙, 매실발효액을 넣거나 씨를 뺀 홍시를 넣으면 몸에 좋은 단맛을 낼 수
있어요.

Part 02
야무진 한그릇

비빔밥 · 표고버섯우엉밥 · 두부소보로밥 · 나물밥지짐이 · 버섯덮밥
자장면 · 만둣국 · 삼색수제비 · 김치볶음밥 · 연근카레밥 · 단호박밥 · 단팥죽

비빔밥

사찰에서 가장 많이 먹는 음식 중 하나가 비빔밥이랍니다.
간편하게 먹을 수 있는 데다 보기에 먹음직스럽고 맛과 영양까지 뛰어나기 때문이죠.
영양의 균형을 생각해 들어가는 재료는 그때그때 바꿔 보세요.

재료

밥 4공기, 불린 표고버섯 5개, 당근 1/2개, 콩나물 · 시금치 1줌씩, 참기름 2큰술, 국간장 · 통깨 1큰술씩,
소금 · 현미유 조금씩
양념장 그추장 3큰술, 참기름 · 통깨 1큰술씩

이렇게 만들어요

1 불린 표고버섯은 채 썰어 국간장으로 양념해 달군 팬에 참기름을 두르고 볶는다.

2 당근은 채 썰어 팬에 현미유를 두르고 소금으로 간해 볶는다.

3 콩나물은 깨끗이 씻어 데친 후 소금, 참기름, 통깨를 넣어 조물조물 무친다.

4 시금치는 씻어서 먹기 좋게 갈라 소금물에 데친 후 국간장, 참기름, 통깨를 넣어 무친다.

5 그릇에 고슬고슬하게 지은 밥을 담고 준비한 나물을 보기 좋게 얹는다.

6 분량의 재료를 섞어 양념장을 만들어 밥 위에 끼얹어 내거나 종지에 따로 담아낸다.

양념장에 표고버섯을 넣어도 좋아요
양념장에 표고버섯을 넣으면 고기 씹히는 맛이 나는 비빔 고추장이 된답니다. 불린 표고버섯을 곱
게 다져서 참기름에 볶다가 고추장을 넣어 더 볶은 다음 참기름, 통깨를 넣어 양념장을 만드세요.

표고버섯은 갓이 도톰한 것이 좋아요
갓이 도톰하고 윤기가 있는 것, 기둥이 짧고 탄력이 있는 것, 중간 크기의 표고버섯
이 좋아요. 표고버섯에는 몸속에서 비타민 D로 바뀌는 에고스테롤 성분이 풍부한데,
마른 표고버섯에 이 성분이 더 많아요.

표고버섯우엉밥

표고버섯, 우엉에 몸의 기운을 돋우는 들깨가루로 밥물을 맞춘 영양밥이에요.
입맛 없는 가족들을 위해 버섯을 푸짐하게 넣어 보세요.
양념장으로 쓱쓱 비벼 먹고 나면 기운이 절로 난답니다.

재료

불린 쌀 2컵, 마른 표고버섯 5개, 우엉(중간 크기) 1/2개, 들깨가루 3큰술, 참기름 2큰술, 채수 2컵
양념장 맛간장 2큰술, 참기름 · 통깨 1큰술씩, 다진 풋고추 · 붉은 고추 1/2큰술씩

이렇게 만들어요

1 표고버섯은 씻어서 미리 부드럽게 불린 후 물기를 꼭 짜고 네모지게 썬다.

2 우엉은 껍질째 깨끗이 씻은 후 먹기 먹기 좋은 크기로 썬다.

3 썬 표고버섯과 우엉은 참기름을 넣어 타지 않게 물이나 채수를 넣어가며 볶는다.

4 들깨가루에 채수 2컵을 부어 밥물을 만든다.

5 볶은 버섯과 우엉을 솥바닥에 깔고 불린 쌀을 얹은 다음 들깨즙 밥물을 붓고 불에 올린다.

6 부르르 끓으면 중간에 두 번 정도 뒤집어주고 불을 줄여서 뜸을 들인다.

7 분량의 재료를 섞어 양념장을 만든다.

8 밥이 다 되면 고루 섞어 그릇에 담고 양념장을 곁들여 낸다.

고명과 쌀의 비율은 1:1
이 밥은 고명이 많이 들어가야 맛있어요. 고명과 쌀의 비율은 1:1 정도가 좋답니다. 버섯이나 우엉
이 없을 때는 다른 나물을 넣어 보세요.

불린 쌀은 밥물을 적게 잡아요
밥물은 쌀이 살짝 잠길 정도만 넣어야 질지 않게 되니 밥물 부을 때 기억하세요.

채소는 뜸 들일 때 넣어도 좋아요
처음부터 버섯과 우엉을 넣지 않고 뜸을 들일 때 넣으면 채소가 적당히 익어서 씹는 맛이 있어요.

두부소보로밥

영양 많고 콩보다 소화가 잘되는 두부를 맛간장으로 볶았어요.
따뜻한 밥과 함께 양념장으로 쓱쓱 비비면 담백하면서도 고소한 맛이 좋은 영양밥이에요.
작은 공기에 밥을 꼭 눌러 담았다가 빼서 모양을 내주면 아이들이 좋아해요.

재료

밥 4공기, 두부 2모, 맛간장 2작은술, 검은깨 1큰술, 소금 · 현미유 조금씩
양념장 맛간장 2큰술, 참기름 · 통깨 1큰술씩, 다진 풋고추 · 붉은 고추
1/2큰술씩

2

이렇게 만들어요

1 두부는 칼등으로 으깨서 면보에 담아 물기를 꼭 짠다.

2 으깬 두부는 달군 팬에서 노릇노릇하게 볶는다.

3 두부의 양이 반으로 줄어들 때까지 볶다가 맛간장으로 간해 조금 더 볶는다.

4 팬에 현미유를 두르고 밥을 넣어 볶다가 ②의 볶은 두부, 검은깨를 넣고 잘 섞는다.

5 분량의 재료를 고루 섞어 양념장을 만든다.

6 볶은 밥을 그릇에 보기 좋게 담고 양념장을 곁들인다.

남은 채소를 활용해요
두부소보로밥에 여러 가지 채소를 넣어 보세요. 버섯이나 당근, 감자, 피망, 애호박 등 냉장고에 남
은 채소를 사방 1cm 크기로 썰어서 볶고 밥과 섞어서 볶음밥을 만들어요. 그 위에 두부소보로를
뿌려 주면 근사한 영양밥이 된답니다.

나물밥지짐이

재료

밥 2돈기, 삶은 고사리 · 도라지 1줌씩, 미나리 3줄기, 풋고추 · 붉은
고추 1/2개씩, 녹말가루 1/3컵, 참기름 · 통깨 2큰술씩, 현미유 적당량,
소금 · 후춧가루 조금씩

이렇게 만들어요

1 고사리는 억센 부분을 없애고 물에 충분히 우려내 물기를 꼭 짠 다음 1cm 크기로 자른다.

2 도라지는 소금에 바락바락 주물러 씻어 쓴맛을 빼고 1cm 길이로 잘게 썬다. 썬 도라지는
　끓는 소금물에 살짝 데친다.

3 미나리는 잎을 다듬어 줄기만 1cm 길이로 썬다.

4 고추는 씨를 빼내고 1cm 길이로 채 썬다.

5 고사리는 달군 팬에서 참기름으로 볶다가 소금으로 간한다.

6 ②의 데친 도라지는 물기를 꼭 짜고 국간장으로 조물조물 무친 후 달군 팬에 참기름을
　두르고 저어가며 볶는다.

7 큰 그릇에 밥을 담고 볶은 고사리와 도라지, 미나리, 고추를 넣고 통깨, 소금, 후춧가루로
　양념해 잘 섞는다.

8 ⑦의 밥을 손으로 두툼하고 둥글게 모양을 만든 다음 앞뒤로 녹말가루를 살짝 묻힌다.

9 달군 팬에 현미유와 참기름을 두르고 빚은 밥을 올려 노릇노릇하게 지진다.

남은 나물반찬을 재활용하면 좋아요
명절이나 잔치 후에 나물반찬이 남았을 때는 새로 나물을 만들지 않고 간편하게 나물밥지짐이를
만들 수 있어요.

아이들이 잘 먹지 않는 나물을 잘게 다져서 고소한 지짐이를 만들었어요.
색색의 채소로 예쁘게 색을 내면 더 잘 먹는답니다.
영양 많은 나물을 아이들에게 먹이고 싶을 때 좋은 메뉴에요.

씹는 맛이 다른 여러 가지 버섯과 파프리카, 은행을 넣고 덮밥을 만들었어요.
입맛 없을 때 준비하면 소화가 잘되고, 칼로리가 적어 다이어트에도 좋아요.
한두 가지 버섯이 없더라도 냉장고에 있는 것으로 후다닥 만들어 보세요.

버섯덮밥

재료

밥 4공기, 표고버섯 3~4개, 팽이버섯 1봉지, 새송이버섯 1개, 양송이버섯 4개, 피망·붉은 피망 1/2개씩,
은행 10개
양념 국간장·참기름 1큰술씩, 녹말가루 1과 1/2큰술, 소금 조금, 채수 2컵

이렇게 만들어요

1 표고버섯은 밑동을 떼고 약간 굵게 채 썰어 놓는다.

2 팽이버섯은 밑동을 자르고 붙어 있는 아랫부분은 적당한 크기로 찢는다.

3 새송이버섯은 작은 크기로 준비해 채 썰고, 양송이버섯은 모양대로 저며 썰어 놓는다.

4 피망은 버섯과 비슷한 길이로 채 썰어 준비한다.

5 은행은 프라이팬에 넣고 약한 불에서 볶은 다음 종이타월로 싸서 살살 비벼 속껍질을
  벗긴다.

6 녹말가루에 채수 2큰술을 개어 녹말물을 만든다.

7 냄비에 채수를 붓고 끓이다가 팽이버섯, 피망을 뺀 나머지 버섯 썬 것을 넣고 국간장,
  소금으로 간한다.

8 한소끔 끓으면 녹말물을 넣어 걸쭉해질 때까지 끓인 다음 피망, 팽이버섯을 넣고 불을
  끈다.

9 은행, 참기름을 넣고 소스를 완성해 고슬고슬한 밥에 따뜻하게 끼얹어 낸다.

버섯은 적당한 크기로 썰어요
버섯은 익으면 크기가 줄어드는 성질이 있으니 너무 가늘게 썰지 마세요. 약간 굵게 채 썰어
야 씹는 맛이 좋아요.

버섯을 다져 넣어도 좋아요
마른 표고버섯은 향이 강해서 덮밥요리나 여러 재료가 같이 들어가는 요리에는 생표고버
섯을 쓰면 좋아요. 아이들은 특히 마른 표고버섯은 향이 강하고 약간 질겨서 안 먹는 경우
가 있어요. 물론 영양면에서는 생표고버섯보다 마른 표고버섯의 영양이 더 풍부하니, 잘
게 다져 넣는 것이 요령이죠.

자장면

재료

불린 표고버섯 3개, 감자 2개, 애호박 1/2개, 당근 · 우엉 · 오이 1/4개씩, 소금 조금
양념 춘장 · 현미유 3큰술씩, 녹말가루 1큰술, 채수 1/2컵

이렇게 만들어요

1 불린 표고버섯, 애호박, 당근은 깨끗이 씻어서 사방 1cm 정도로 네모지게 썬다. 감자, 우엉은 껍질을 벗겨 사방 1cm 정도로 네모지게 썬다.

2 오이는 곱게 채 썰어 놓는다.

3 냄비에 현미유를 넉넉히 두르고 약한 불에서 춘장이 몽글몽글해질 때까지 저어가며 오래 볶는다.

4 다른 냄비에 물을 넉넉히 넣고 면을 삶아서 찬물에 헹군다.

5 팬에 현미유를 두르고 감자, 당근, 우엉, 표고버섯, 애호박 순서로 넣어 볶다가 소금으로 간하고 볶은 춘장을 넣어 끓인다.

6 한소끔 끓으면 녹말을 채수에 개어서 부어가며 농도를 맞춘다.

7 그릇에 삶은 면을 담고 자장소스를 얹은 다음 오이채를 올려서 낸다.

춘장 맛있게 볶기
춘장과 기름을 1:1 정도로 해서 프라이팬에 기름을 넉넉히 두르고 볶아야 해요. 기름이 끓기 시작
ㅎ면 불을 약하게 줄여서 춘장이 바글바글 끓어 몽글몽글 덩어리가 될 때까지 볶아요. 불이 너무
세면 익는 게 아니고 타버리니 약한 불에서 볶는 게 좋답니다. 춘장을 넉넉히 볶아서 냉동실에 넣
어두고 그때그때 쓰면 간편해요. 하지만 기름기 많은 자장면이 싫을 때는 춘장에 채소를 넣고 끓여
서 자장소스를 만들어도 좋아요.

면을 직접 만들어 보세요
자료 : 밀가루 4컵, 콩가루 2큰술, 소금 조금
① 밀가루와 콩가루, 소금을 잘 섞어서 체에 내려 되직하게 반죽한 다음 비닐봉지에 넣거나 젖은
행주에 싸서 30분 정도 둔다. 콩가루 대신 녹차가루를 비슷한 비율로 넣으면 녹차자장면이 된다.
② 반죽을 밀대로 얇게 밀어 0.5cm 두께로 썬 다음 밀가루를 솔솔 뿌린다.

아이, 어른 할 것 없이 좋아하는 자장면은 스님들에게도 별식이랍니다.
다만 사먹는 자장면은 기름지고 화학조미료를 넣어 속이 불편할 때가 있어요.
이럴 때는 담백한 사찰식 자장면을 만들어 보세요.

만둣국

아이들은 만두 만드는 것을 아주 좋아하니 온가족이 함께 만들어 보세요.
반찬 없는 날에 꺼내 만둣국이나 탕수만두, 군만두 등 다양한 방법으로 먹을 수 있어요.
밥이 부담스러운 아침에는 따뜻하게 찐 만두를 내놓아도 좋아요.

재료

만두소 두부 1모, 배추김치 1/2포기, 마른 표고버섯 10개, 숙주나물 2줌, 무 · 애호박 1/4개씩, 땅콩 1/4컵,
소금 · 참기름 · 후춧가루 조금씩
만두피 밀가루 2컵, 소금 1작은술, 현미유 1큰술
국물 채수 6컵

이렇게 만들어요

1 배추김치는 전날에 미리 씻어서 물에 담가 짠맛, 신맛을 빼서 준비한다.

2 표고버섯은 깨끗이 씻어서 물에 불린다.

3 2시간쯤 전에 분량의 밀가루에 소금, 현미유를 넣고 엉길 정도로만 찬물을 부어 대충
  반죽한 다음 비닐봉지에 넣어 냉장고에서 숙성시킨다.

4 숙주나물은 깨끗이 씻어서 끓는 물에 살짝 삶아서 준비한다.

5 준비한 배추김치와 표고버섯, 숙주나물, 무, 애호박은 물기를 꼭 짜고 잘게 다진다.
  땅콩도 다져 놓는다.

6 두부는 면보에 싸서 물기를 꼭 짜 준비한다.

7 큰 그릇에 준비한 만두소 재료를 담고 소금, 참기름, 후춧가루를 넣어 고루 버무린다.

8 냉장고에서 밀가루 반죽을 꺼내 부드럽게 반죽한 다음 밀대로 밀어서 만두피를 얇게
  만든다.

9 만두피에 ⑦의 소를 적당히 넣어 모양을 내어 빚는다.

10 냄비에 채수를 붓고 끓으면 만두를 넣어 부르르 끓어오르면 불을 끈다. 간은 불에서
   내리기 전에 소금으로 맞춘다. 입맛이 모두 다르므로 국물에 간을 하지 않고 양념장을
   곁들여도 좋다.

삼색수제비

재료

감자 1개, 당근 1/4개, 시금치 1줌, 애호박 1/2개, 밀가루 · 물 3컵씩, 소금
1작은술, 현미유 1큰술
국물 차수 5컵, 국간장 2큰술, 소금 · 후춧가루 조금씩

이렇게 만들어요

1 감자, 당근은 깨끗이 씻어서 껍질을 벗기고 시금치는 다듬어 씻어서 물기를 턴다.

2 손질한 감자, 당근, 시금치는 각각 믹서에 1컵의 물을 부어 간 다음 면보에 짜서 물만
준비한다.

3 감자즙, 당근즙, 시금치즙에 밀가루를 1컵씩 넣고 소금, 현미유를 나눠 넣고 수제비
반죽을 한다. 반죽이 질면 밀가루를 더 넣어 농도를 맞추고 비닐봉지에 넣어 1시간 정도
숙성시킨다.

4 반죽이 숙성되면 손으로 조금씩 떼어 밀대로 얇게 만든 다음 모양틀로 모양을 찍는다.

5 냄비에 채수, 국간장을 넣어 끓이다가 모양 찍은 반죽을 넣는다. 모양틀로 찍지 않고
손에 물을 조금 묻혀가며 뚝뚝 떼서 넣어도 좋다.

6 수제비가 익으면 애호박을 반달 모양으로 썰어 넣고 소금, 후춧가루로 양념해 불에서
내린다.

감자 손칼국수를 만들어 보세요
수제비 대신 감자를 넣은 손칼국수를 넣어도 쫄깃쫄깃 맛있어요.

재료 : 밀가루 2컵, 감자 1개
① 감자는 믹서에 갈아 밀가루에 넣어 반죽한다. ② 반죽을 오래 치댄 다음 밀대로 얇게 밀어서 둥
글게 만 다음 송송 썬다. ③ 썬 국수는 쟁반에 넓게 펼쳐서 밀가루를 솔솔 뿌려야 달라붙지 않는다.

감자와 당근, 시금치로 반죽해 3가지 색을 내고 모양틀로 예쁘게 만들었어요.
손으로 반죽해 쫄깃쫄깃, 채수로 만들어 깔끔한 국물 맛이 그만이랍니다.
비가 오거나 싸늘한 날엔 아이들과 함께 반죽한 수제비 한 그릇, 어때요?

김치볶음밥

재료

밥 2공기, 배추김치 1/4포기,
불린 표고버섯 5개, 느타리버섯 1줌,
당근 1/2개, 피망 · 붉은 피망 · 노란
파프리카 1개씩, 소금 2작은술,
참기름 · 통깨 1큰술씩, 현미유 조금

김치는 적당히 볶아야 해요
김치가 씹는 맛이 있어야 하니
너무 볶지 않는 게 좋아요.

이렇게 만들어요

1 배추김치는 익은 것으로 준비해 물기를 꼭 짜고 송송 썬 다음 참기름에 살짝 볶는다.

2 불린 표고버섯은 씻어서 곱게 다지고 느타리버섯은 끓는 물에 살짝 데쳐서 소금, 참기름
 으로 밑간한다.

3 당근, 피망, 파프리카는 씻어서 곱게 다진 다음 달군 팬에 현미유를 두르고 소금으로
 간해 볶는다.

4 ②의 표고버섯, 느타리버섯은 프라이팬에 각각 기름을 조금만 두르고 물기가 없어질
 정도로 살짝 볶는다.

5 달군 팬에 현미유, 참기름을 두르고 밥을 저어가며 볶다가 볶은 김치, 채소를 넣어 섞은
 다음 통깨를 뿌려 낸다.

연근카레밥

재료

밥 2공기, 연근(중간 크기) 1개,
당근 · 애호박 1/3개씩, 사과 1/2개,
김 1/2장, 현미유 조금
소스 카레가루 1컵, 소금 · 후춧가루
조금씩, 채수 5컵

밥을 모양내어 담아요
이왕이면 밥에 모양을 내면 아이들이 좋아하겠죠? 밥을 타원형 모양으로 뭉치고 삶은 검은 콩으로 귀와 눈을, 김을 잘라 입과 손 모양을 만들면 팬더곰이 된답니다.

이렇게 만들어요

1 연근은 껍질을 벗기고 당근, 애호박, 사과는 껍질째 깨끗이 씻어서 사방 1~2cm로 네모지게 썬다.

2 카레가루는 미리 채수를 조금 부어 개어 놓는다.

3 냄비에 ①의 연근, 당근, 애호박, 사과를 넣고 볶다가 채수를 부어 끓인다.

4 채소가 익으면 ②를 넣고 소금, 후춧가루로 양념해 한소끔 더 끓인다. 조금씩 저어가며 끓여야 눌어붙지 않는다.

5 그릇에 따뜻한 밥을 담고 보기 좋게 카레를 부어서 낸다.

단호박밥

재료

단호박 1개, 현미 · 물 2컵씩

밥이 고슬고슬해야 맛있어요
찔 때 단호박에서 물이 나오므
로 밥은 약간 고슬고슬하게 지
어요. 밥에 단호박을 깍둑 썰어
넣거나 말려 두었다가 밥을 지
어도 좋고 밤이나 잣,
은행, 대추 등을 다
져 넣어 보세요.

이렇게 만들어요

1 현미는 깨끗이 씻어 30분 정도 불렸다가 체에 밭친다.

2 불린 현미에 밥물을 붓고 고슬고슬하게 밥을 짓는다.

3 단호박을 깨끗이 씻어 속을 파낸 다음 밥을 넣는다.

4 김이 오른 찜기에 속을 채운 단호박을 넣어 30분 정도 푹 찐다.

단팥죽

재료

팥 1컵, 설탕 1큰술, 소금 · 계피가루
조금씩, 물 7컵

새알을 만들어 넣어요
익반죽한 새알을 삶은 후 섞어
서 끓여 먹어도 좋아요. 새알은
만두처럼 넉넉히
만들어서 냉동해
두고 쓰세요.

이렇게 만들어요

1 팥은 부르르 끓으면 물을 따라 버리고, 다시 물을 5배 정도 넣어 1시간 동안 푹 퍼지게
  삶는다.

2 삶은 팥에 설탕과 소금을 넣어 믹서에 곱게 간 후 체에 내린다.

3 곱게 내린 팥은 약한 불에서 한 번 더 끓인다.

4 먹기 직전에 계피가루를 살짝 뿌려서 낸다.

Part 03
엄마표 간식 & 도시락

납작만두 · 조랭이떡볶이 · 떡꼬치와 조청 · 과일튀김 · 한입주먹밥
바나나구이 · 두부과자 · 꼬마핫도그 · 달고나 · 홍시소스샐러드 · 고구마샐러드
고구마옥수수밥 · 채소말이초밥 · 유부초밥 · 두부김밥 · 장아찌주먹밥 · 오곡밥

납작만두

납작한 모양으로 만들어 아삭아삭한 양배추와 함께 먹는 만두에요.
만두소에 넣는 채소는 호박이 없으면 냉장고에 있는 채소를 넣으세요.
사찰에서는 만두에 김치, 숙주나물 외에도 무나 무말랭이를 많이 넣는답니다.

재료

만두피 20장, 양배춧잎 5장, 맛간장 4큰술
만두소 당면 50g, 두부 1모, 호박 1/2개, 참기름 2큰술, 소금 · 후춧가루 1작은술씩

이렇게 만들어요

1 당면은 찬물에 30분 정도 불렸다가 끓는 물에 불려 삶은 다음 건져서 찬물에 헹궈서 곱게
  다진다.

2 두부는 면보에 싸서 물기를 꼭 짠 후 곱게 으깨 놓는다.

3 호박은 돌려 깎아서 곱게 채 썰어 소금을 살짝 뿌려둔다.

4 양배추는 곱게 채 썰어 찬물에 담가 놓는다.

5 준비한 당면과 두부, 호박에 참기름, 소금, 후춧가루를 넣고 잘 버무린다.

6 만두피에 ⑤의 소를 적당히 넣고 납작하게 빚는다. 포크로 모서리를 눌러주면 잘 붙고
  모양도 예쁘다.

7 달군 팬에 현미유를 두르고 만두를 넣어 노릇노릇하게 굽는다.

8 양배추를 건져 물기를 뺀 후 접시에 담고 맛간장을 뿌린 다음 ⑦의 구운 만두를 돌려
  담는다.

만두피 반죽은 미리 숙성시켜요

만두피를 만들어 쓸 때는 2시간쯤 전에 미리 밀가루 반죽을 하면 좋아요. 밀가루에 소금 현미유를
조금씩 넣고 차가운 물로 엉길 정도로만 대충 반죽해요. 이 반죽을 비닐봉지에 넣어 냉장고에서 숙
성시킨 다음 꺼내서 밀대로 얇게 밀어 모양을 찍으면 된답니다.

조랭이떡볶이

맵지 않게 간장으로 양념해 아이들이 좋아하는 대표 간식이에요.
위장을 튼튼하게 만들고 식욕을 높여주는 포근포근 밤도 넣어 보세요.
여러 가지 채소를 넣으면 더 푸짐하고 맛과 영양이 나아진답니다.

재료

조랭이떡 200g, 무 · 당근 · 브로콜리 1/4개씩, 양송이버섯 · 밤 5개씩, 소금 조금
양념 간장 3큰술, 참기름 1작은술, 통깨 · 후춧가루 조금씩, 채수 1컵

이렇게 만들어요

1 무와 당근은 껍질을 벗기고 알밤 크기로 썰어 모서리를 둥글게 다듬는다.

2 브로콜리는 밑동을 자르고 송이송이 갈라 끓는 소금물에 살짝 데친다.

3 양송이버섯은 껍질을 벗기고 기둥의 지저분한 부분을 없앤 다음 큰 것은 반으로 자른다.

4 밤은 속껍질을 벗겨 모양을 다듬는다.

5 조랭이떡은 끓는 물에 살짝 데친다. 떡이 많이 딱딱하지 않을 때는 데치지 않고 쓴다.

6 냄비에 간장, 채수를 넣고 무와 당근, 밤을 넣어 반만 익도록 조린다.

7 불을 줄이고 조랭이떡과 브로콜리, 양송이버섯을 넣은 후 중간 불에 국물이 자작해질
  때까지 조린다.

8 불을 끄고 참기름, 통깨, 후춧가루를 넣어 섞은 다음 접시에 담아낸다.

떡꼬치와 조청

노릇노릇 구운 떡에 깊은 맛이 나는 조청을 꾹 찍어 먹어요.
엿기름, 물만 있으면 만들기 쉬우니 조청도 직접 만들어 보세요.
엄마표 조청에 찍어먹는 특별한 떡 맛은 사먹는 간식보다 아이들이 오래 기억해요.

떡꼬치

재료 떡볶이떡(가래떡) 300g, 조청 · 미숫가루 2큰술씩, 꼬치 적당량

이렇게 만들어요

1 떡볶이떡은 그대로 꼬치에 끼우고, 길쭉한 가래떡은 한입 크기로 잘라 꼬치에 끼운다.

2 꼬치에 끼운 떡은 팬에 앞뒤로 뒤집어가며 노릇노릇하게 굽는다.

3 구운 떡은 조청, 미숫가루와 함께 낸다. 조청에 견과류를 다져 넣어도 좋다.

조청

재료 밥 2공기, 엿기름 2컵, 물 7컵

이렇게 만들어요

1 베보자기에 엿기름을 넣고 미지근한 물에 조물조물 주무른 다음 식은 밥과 함께 전기밥솥에 붓는다.

2 전기밥솥을 보온 상태로 뚜껑을 덮어 4시간 정도 둔다.

3 밥알이 10알 정도 떠오르면 밥알과 엿기름 주머니를 빼고 꼭 짠다.

4 삭은 밥물을 냄비에 올려 약한 불에서 가끔 저어가며 끓인다. 전기밥솥 뚜껑을 열고 취사 상태로 두고 끓여도 된다.

5 끓으면 원하는 농도보다 약간 묽을 때 불을 끈다.

과일튀김

먹지 않는 과일이 쌓여 있거나 간식거리가 필요할 때는 과일을 말려 보세요.
그대로 먹어도 맛있고, 가끔은 튀김으로 내면 과일 안 먹는 아이들도 참 좋아해요.
귤처럼 껍질에 영양이 많은 과일은 껍질째 말리는 게 좋아요.

재료
사과 2개, 귤 · 키위 3개씩, 녹말가루 3큰술, 식초 · 현미유 적당량

이렇게 만들어요

1 사과, 귤은 껍질째 씻어 연한 식촛물에 담갔다 헹군 다음 물기를 빼고 얇게 저민다.

2 키위는 껍질을 벗겨서 얇게 저민다.

3 저민 사과와 귤, 키위는 채반에 담아 반그늘에서 말리거나 건조기, 오븐을 이용해 꾸들
  꾸들하게 말린다.

4 말린 과일에 녹말가루를 살짝 묻힌다.

5 팬에 기름을 적당량 붓고 말린 과일을 타지 않을 정도로 바삭바삭하게 튀긴다.

6 튀긴 과일은 종이타월에서 기름기를 뺀다.

귤은 껍질째 말려야 좋아요
특히 귤은 껍질째 말려야 영양이 풍부해요. 귤껍질은 배가 더부룩한 소화불량, 소화부진
에 좋아요. 여러 가지 유기산, 비타민 성분도 풍부해 신진대사, 심폐기능을 좋게 해준
답니다. 귤이 많이 나오는 겨울에 껍질째 잘라서 말리거나 귤껍질로 마멀레이드를 만
들어 빵에 발라 먹으면 맛있어요. 이때 껍질째 먹어야 하니 유기농 귤을 쓰는 것이 좋아요.

달지 않은 과일은 시럽에 담갔다 말려요
당도가 약한 과일은 설탕시럽이나 매실발효액 등에 10분 정도 담갔다가 체에 밭쳐 물기를 제거한
후 말리세요. 설탕시럽은 설탕과 물을 같은 비율로 넣어 젓지 않고 바글바글 끓이면 된답니다.

한입주먹밥

입맛 떨어진 아이 간식으로, 간단한 아침식사로도 좋은 앙증맞은 주먹밥이에요.
잘 먹지 않는 채소를 곱게 다져 고소하게 양념한 밥을 둥글게 뭉치기만 하면 된답니다.
동글동글, 삐뚤삐뚤 아이와 같이 만들면 편식 습관을 없애는 데도 효과가 있어요.

재료
밥 2공기, 깻잎 3장, 비트 1/4개
양념 통깨 · 검은깨 2큰술, 참기름 1큰술, 소금 조금

이렇게 만들어요

1 깻잎은 깨끗이 씻어 물기를 턴 다음 곱게 다진다.

2 비트도 껍질을 벗겨 곱게 다져 놓는다.

3 따뜻한 밥에 소금, 참기름을 넣고 고루 섞어 양념한다.

4 양념한 밥을 동글동글 한 입 크기로 주먹밥을 뭉친다.

5 ④의 주먹밥을 흰깨와 검은깨 두 가지로 나누어 고루 묻힌다.

6 남은 ④의 주먹밥에 곱게 다진 깻잎, 비트 고명을 묻혀 접시에 낸다.

색이 예쁜 채소를 넣어요
아이들이 좋아하는 치자단무지나 당근, 호박 등 색이 고운 채소는 어떤 것이든 좋아요.
잘게 다져서 주먹밥에 묻히면 색색의 주먹밥을 만들 수 있어요.

바나나구이

재료

바나나 2개, 현미유 조금
소스 오미자발효액 · 조청 3큰술씩,
레몬즙 1큰술

튀기면 색다른 맛이 나요
남은 바나나는 찹쌀가루를 묻
히거나 튀김옷을 입혀 튀기듯
이 구워내면 색다른 맛을 즐길
수 있어요.

이렇게 만·들어요

1 바나나는 껍질을 벗기고 적당한 두께로 둥근 모양대로 썬다.

2 팬에 현미유를 조금 두르고 썬 바나나를 넣어 굽는다.

3 분량의 오미자발효액, 조청, 레몬즙을 섞어 소스를 만든다.

4 노릇하게 구운 바나나에 소스를 부어서 조린다.

5 적당히 조려지면 그릇에 담아 낸다.

두부과자

재료

두부 1모, 밀가루 1/2컵,
녹말가루 4큰술, 검은깨 2큰술,
베이킹파우더 · 소금 조금씩

튀겨도 좋아요
오븐에 굽는 방법 외에 팬에 기
름을 넉넉히 붓고 바삭바삭하
게 튀겨도 좋아요.

이렇게 만들어요

1 두부는 칼등으로 곱게 으깬 다음 면보에 싸서 물기를 짠다.

2 밀가루와 녹말가루는 체에 걸러 두부, 검은깨, 베이킹파우더,
   소금을 넣어 잘 반죽한다.

3 반죽을 적당히 떼어 밀가루를 살살 뿌리면서 반죽을 밀대로
   얇게 민 다음 칼로 네모지게 자르거나 모양틀로 모양을 찍는다.

4 180℃로 예열한 오븐에 유산지를 깔고 ③의 모양 찍은 것을 넣어 10~15분 정도 굽는다.

꼬마핫도그

재료

밥 1공기, 감자 1개, 청국장 1큰술,
밀가루 2큰술, 빵가루 4큰술,
토마토케첩 3큰술, 현미유 적당량

몸에 좋은 청국장
청국장은 장을 튼튼
하게 만들어 주고 다
이어트에 좋아요. 당뇨가 있을
때도 도움이 되는 식품이랍니
다. 직접 청국장을 만들 때는 중
간 정도 크기의 국산콩이 좋고,
씻은 콩을 12시간 정도 충분히
불려서 삶아야 해요.

이렇게 만들어요

1 밥과 청국장을 잘 섞은 후 동글동글하게 완자를 빚는다.

2 감자는 푹 쪄서 볼에서 곱게 으깬다.

3 으깬 감자는 손으로 둥글납작하게 만들어 안에 청국장 완자를 넣는다.

4 ③에 빵가루를 입히고 170℃ 정도의 기름에 노릇노릇 튀긴다.

5 종이타월에서 기름기를 뺀 다음 토마토케첩을 뿌려 낸다.

달고나

재료

유기농 설탕 5큰술, 베이킹소다
1/2작은술, 현미유 조금
준비도구 스테인리스 국자,
쿠키용 모양틀, 누름판

아이와 같이 만들어요
국자를 새까맣게 태우며 해먹
던 달고나는 엄마, 아빠가 먹던
추억의 간식이죠? 아이와 함께
만들면서 살짝 어릴 때 이야기
를 나눠 보세요.

이렇게 만들어요

1 도자기나 스테인리스 등 뜨거운 것을 올려도 되는 재질의 접시에 현미유를 바르고 종이
   타월로 닦아 놓는다. 설탕을 조금 뿌려 놓아도 좋다.

2 국자에 설탕을 넣고 약한 불에서 잘 저어가며 녹인다.

3 설탕이 투명하게 다 녹으면 불을 끈 채 베이킹소다를 넣고 재빠르게 젓는다.

4 ③을 접시에 붓고 누름판으로 누르거나 조금 굳기를 기다렸다가 쿠키용 모양틀로 모양을
   찍는다.

홍시소스샐러드

'겨울의 설탕'으로 불리는 홍시로 샐러드 소스를 만들었어요.
부드럽고 단맛이 좋은 홍시는 샐러드와 맛이 잘 어울려요.
간편하게 사먹는 샐러드 소스와는 다른 맛에 자꾸 생각난답니다.

재료

새싹채소 1팩, 치커리 1줌, 양상추 3장, 노란 파프리카 1/4개
소스 홍시 2개, 식초·꿀 2큰술씩, 소금 조금

이렇게 만들어요

1 새싹채소는 찬물에 살살 흔들어 건져 물기를 뺀다.

2 치커리는 씻어서 물기를 뺀 후 먹기 좋은 크기로 찢어 준비한다.

3 양상추는 깨끗이 씻어 먹기 좋은 크기로 찢는다.

4 파프리카는 작은 모양틀로 모양을 찍는다.

5 홍시는 깨끗이 씻어 체에 내리거나 믹서에 곱게 간다.

6 ⑤의 홍시에 식초, 꿀, 소금을 넣고 잘 섞어서 소스를 만든다.

7 접시에 준비한 채소를 보기 좋게 담고 소스를 뿌려서 낸다.

홍시로 단맛을 내요

홍시는 고추장이나 김치를 담글 때 넣으면 단맛을 낼 수 있어요. 제철에 홍시를 사서
냉동실에 넣어둔 아이스홍시는 아이스크림보다 맛있어요. 또 스무디나 양갱으로 만들어
먹어도 좋아요. 홍시에는 비타민 A가 풍부해 눈건강에 좋고 숙취 해소, 노폐물 배출 효과가 있어요.

고구마샐러드

살짝 데친 고구마와 거봉, 압맥을 넣어 한 끼 식사가 되는 샐러드에요.
아이들 간식으로 준비할 때는 두유, 미숫가루와 함께 내면 영양궁합이 잘 맞아요.
식이섬유가 풍부한 고구마는 변비에 좋고 다이어트 때는 식사 대용으로 훌륭해요.

재료

고구마 1개, 거봉 1/2송이, 비트 1/2개, 파인애플 2쪽, 압맥 2큰술
소스 올리브오일 1/2컵, 발사믹식초 2큰술, 꿀 1큰술, 소금 · 후춧가루 조금씩

이렇게 만들어요

1 고구마는 깨끗이 씻어 굵게 채 썰거나 깍둑 썬 다음 살짝 데쳐 놓는다. 생으로 그냥
  넣어도 좋다.

2 거봉은 껍질을 벗기고, 비트는 네모지게 썰어 놓는다. 파인애플도 먹기 좋은 크기로
  썬다.

3 압맥은 마른 팬에 살짝 볶는다.

4 오목한 스테인리스 볼에 올리브오일을 담고 거품기로 휘 저은 다음 발사믹식초를 넣어
  걸쭉해질 때까지 섞는다. 걸쭉해지면 꿀, 소금, 후춧가루를 넣는다. 허브가 있을 때는
  조금 다져 넣어도 좋다.

5 접시에 썬 고구마, 거봉, 비트, 파인애플을 담고 압맥을 올린 다음 ④의 소스를 뿌려서
  낸다.

발사믹식초를 만들어 써요
발사믹식초는 사서 쓰는 경우가 많은데, 집에서도 만들어 쓰는 방법이 있어요.
① 물:와인을 1:2 비율로 섞은 후 용기에 반만 채우고 거즈로 뚜껑을 만들어 씌워 2개월 동안 따뜻
  한 곳에 두었다가 면보에 걸러 사용한다.
② 식초를 중탕으로 데운 후(끓지 않게 불을 약하게 조절하면서) 볼에 허브를 넣고 데운 식초를 붓
  는다. 허브 향이 나오도록 잠깐 두었다가 허브를 건져내고 올리브오일을 적당히 섞어 사용한다.

고구마옥수수밥

고구마와 옥수수를 넣어 지은 밥을 양념장으로 쓱쓱 비벼 먹어요.
쉽게 만들 수 있고 김밥이나 초밥보다 더 소박하게 먹는 도시락 메뉴로 좋아요.
연근견과류조림이나 김부각처럼 씹는 맛이 있는 반찬을 곁들이면 잘 어울려요.

재료

불린 쌀 2컵, 고구마 1개, 옥수수통조림 1/2컵, 물 2컵
양념장 맛간장 2큰술, 참기름 3큰술, 통깨 1큰술, 다진 풋고추 · 붉은 고추 1/2큰술씩

이렇게 만들어요

1 쌀은 깨끗이 씻어서 미리 30분 정도 불렸다 체에 밭친다.

2 고구마는 깨끗이 씻어 껍질째 사방 1cm 크기로 깍둑 썬다.

3 솥에 불린 쌀과 고구마, 옥수수를 넣고 밥물을 맞춘다. 밥물은 쌀과 같은 양으로 준비
  한다.

4 처음에는 센 불에서 끓이다가 끓으면 한번 뒤적여 준 다음 중간 불로 줄인다. 조금 더
  끓이다가 약한 불에서 뜸을 들인다.

5 분량의 재료를 섞어서 양념장을 만들어 곁들인다.

고구마는 뜸 들일 때 넣어도 좋아요
고구마를 처음부터 넣지 않고 뜸 들일 때 넣으면 씹는 맛을 살릴 수 있답니다.

변비 예방, 다이어트에 좋은 고구마
고구마와 옥수수를 같이 먹으면 식이섬유가 풍부해 변비 예방은 물론 다이어트에도 좋
아요. 또한 칼륨이 풍부한 고구마는 몸속에 남아도는 나트륨을 배출시키는 작용이 있어
평소 짜게 먹는 사람에게 도움이 되는 식품이에요.

채소말이초밥

오이와 당근, 단무지를 얇게 저며 새콤달콤 배합초로 절이고 밥을 돌돌 말았어요.
비트, 시금치즙 등으로 곱게 색을 낸 무를 써도 좋아요.
한입에 쏙~ 들어가는 크기로 만들면 생일상, 파티음식으로도 어울려요.

재료

불린 쌀 2컵, 오이 · 당근 1개씩, 단무지 1/3개, 불린 표고버섯 1개, 매실장아찌
2큰술, 맛간장 · 설탕 · 연겨자 1작은술씩, 검은깨 · 소금 · 현미유 조금씩, 물
2컵
배합초 식초 · 설탕 1/2컵씩, 소금 1큰술, 레몬 1조각(레몬즙)
겨자간장 맛간장 · 배즙 · 레몬즙 2큰술씩, 연겨자 · 조청 1큰술씩

2

이렇게 만들어요

1 레몬을 제외한 배합초 재료를 냄비에 넣고 설탕이 녹을 때까지 저어가며 끓인다. 끓으면
  불을 끄고 레몬을 넣고 식힌다. 바로 쓰면 레몬즙을, 나중에 쓰면 레몬 조각을 넣는다.

2 오이와 당근도 깨끗이 씻은 다음 필러로 각각 넓이 3cm, 길이 10cm로 길게 저며 배합초
  에 20~30분 정도 절인다. 단무지도 같은 길이로 저미고 1/8은 고명으로 남긴다.

3 불린 표고버섯은 살짝 삶아 얇게 저민 다음 잘게 다져서 맛간장, 설탕으로 밑간해 달군
  팬에 현미유를 두르고 볶는다.

4 남겨둔 단무지와 매실장아찌는 잘게 다진다.

5 불린 쌀에 밥물을 부어 고슬고슬하게 밥을 짓는다.

6 따뜻한 밥에 나머지 배합초를 조금씩 넣어 가며 약간 질척한 정도로 섞는다. 밥이 식으
  면서 배합초가 밥알에 스며들어 고슬고슬해지는데, 검은깨를 약간 섞으면 색이 예쁘다.

7 배합초에 절인 오이, 당근을 건져 물기를 없앤다.

8 밥을 조금씩 덜어 손으로 뭉친 다음 다진 단무지를 올린 초밥은 저민 당근으로 돌돌
  만다. 다진 매실을 올린 초밥은 오이로 돌돌 말고, 다진 표고버섯을 얹은 초밥은 단무지
  로 돌돌 만다.

9 도시락에 채소초밥을 보기 좋게 담고 겨자간장을 만들어 곁들인다.

유부초밥

나들이나 소풍 갈 때 간단 도시락으로 사랑받는 메뉴가 유부초밥이에요.
다져서 볶는 채소는 시금치, 김치, 우엉 등을 넣어도 좋아요.
반찬 대신 색색의 과일로 만든 과일꼬치를 곁들여도 어울린답니다.

재료

밥 2공기, 유부 10장, 피망 · 붉은 피망 · 노란 파프리카 1개씩, 소금 1/2작은술, 식초 · 참기름 · 통깨 1큰술씩,
현미유 조금
조림장 맛간장 1/2컵, 조청 1큰술

이렇게 만들어요

1 유부는 삼각형 모양이 되게 대각선으로 자른 후 끓는 물에 살짝 데쳐서 물기를 빼고 속을
   벌린다.

2 조림장이 바글바글 끓으면 유부를 넣고 조림장을 끼얹어 가며 조린 후 체에 밭쳐 둔다.

3 피망, 파프리카는 반으로 갈라 씨를 없애고 작은 주사위 모양으로 썬 다음 달군 팬에
   기름을 두르고 볶는다.

4 밥이 볶은 피망과 파프리카 식초, 참기름, 통깨를 넣어 새콤달콤하게 비빈다.

5 ②의 유부 속에 밥을 넣고 꼭꼭 눌러 모양을 잡는다.

6 도시락에 유부초밥을 보기 좋게 담고 어울리는 반찬을 곁들인다.

유부 속에 여러 가지 채소를 넣어 보세요
초밥 속에 시금치나 김치, 우엉, 표고버섯 등 아이들이 잘 먹지 않는 채소를 잘게 다져
넣어 보세요. 양념해 넣으면 채소 싫어하는 아이들도 잘 먹어요.

재료

불린 쌀 3컵, 두부 2모, 김 8장, 시금치(쑥갓) 1줌, 우엉·당근·단무지 1/2개씩, 통깨·참기름 2큰술씩,
소금·식초·현미유 조금씩, 물 3컵
양념장 맛간장 2와 1/2컵, 조청 3/4컵, 참기름·통깨 2큰술씩, 소금·현미유 조금씩

이렇게 만들어요

1 불린 쌀은 솥에 밥물을 붓고 고슬고슬하게 밥을 짓는다.

2 두부는 사방 2cm 굵기로 길게 썬 다음 소금을 조금 뿌린다.

3 시금치는 다듬어 씻어서 끓는 소금물에 데친 다음 참기름, 소금, 통깨를 넣고 조물조물
  무친다.

4 우엉은 껍질을 벗겨서 굵게 채 썬 다음 물에 담갔다가 팬에 현미유, 참기름을 두르고
  볶는다. 어느 정도 볶다가 맛간장 1/2컵과 조청을 넣어 조린다.

5 당근은 길게 썰어 달군 팬에 현미유를 두르고 소금으로 간해 볶는다.

6 ②의 두부가 간이 어느 정도 배면 면보나 종이타월로 물기를 없애고 기름을 넉넉하게
  두르고 노릇노릇하게 굽는다.

7 냄비에 남은 맛간장 2컵, 조청을 넣고 끓여서 국물이 반으로 줄면 튀긴 두부를 넣고
  굴려가면서 천천히 조린다. 두부를 꺼낸 후 참기름을 조금 뿌린다.

8 김은 살짝 구워 특유의 비린내를 없앤다.

9 큰 그릇에 밥을 담고 참기름, 통깨, 소금을 넣어 비빈다.

10 김발 위에 김을 올린 다음 밥을 얇게 펴고 ⑥의 두부를 가운데 두고 시금치, 우엉, 당근,
  단무지를 넣어 돌돌 만다.

11 김밥을 먹기 좋은 크기로 잘라서 도시락에 담고 어울리는 반찬을 곁들인다.

김은 여러 장을 겹쳐서 구워요
김을 잘 구우려면 프라이팬을 약한 불에 올리고 김을 여러 장을 겹쳐서 구워요. 앞뒤로 살짝살짝
구워 바깥쪽에 있는 김부터 빼내요.

두부김밥

맛간장과 조청으로 달달하게 조린 두부를 넣은 김밥이에요.
초록색 채소는 봄에는 냉이, 겨울에는 시금치처럼 제철 채소를 이용하면 좋아요.
아삭아삭한 양배추롤김치나 곤약조림 같은 반찬을 곁들이면 잘 어울려요.

장아찌주먹밥

재료

불린 현미 2컵, 깻잎 · 곰취 등 여러
가지 장아찌, 김 1장, 참기름 · 검은깨
조금씩, 물 2컵

이렇게 만들어요

1 불린 현미는 밥물을 부어 고슬고슬하게 밥을 짓는다.

2 장아찌는 체에 밭쳐 간장 물기를 뺀 후 다져서 참기름으로 조물조물 무친다.

3 큰 그릇에 밥을 담고 주걱으로 저어가며 식힌 다음 참기름으로 양념한다.

4 양념한 밥을 손에 쥐고 둥글게 뭉친 다음 속에 다진 장아찌를 넣거나 장아찌를 이용해
   여러 가지 모양을 만든다. 눈, 코, 입은 검은깨나 김 등을 이용한다.

오곡밥

재료

현미 2컵, 조 · 수수 · 팥 1/2컵씩,
검은콩 3큰술, 소금 1/2큰술, 물 3컵

찹쌀을 넣어 보세요
현미밥이 너무 딱딱하게 느껴
지면 찹쌀을 조금 넣으면 부드
럽고 맛있어요.

이렇게 만들어요

1 현미는 깨끗이 씻어 30분 이상 불린 후 체에 받쳐둔다.

2 조, 수수, 콩은 깨끗이 씻어서 1시간 이상 불린다.

3 팥은 잠길 정도로 붓고 우르르 끓으면 물을 따라내고 물 3컵을 부어 끓인다. 중불에서
15분 정도 더 끓인 후 팥을 건져내고 물은 따라서 버리지 않는다.

4 불린 현미와 조, 수수, 콩을 솥에 담고 팥물과 물을 3컵 넣고 소금으로 간해 밥을 짓는다.

Part 04
인기만점 초대요리

단호박피자 · 함지쌈 · 감자김치만두 · 새송이핫도그 · 꼬마연잎밥
가지새싹샐러드 · 초계탕 · 냉잡채 · 과일비빔국수 · 김말이튀김 · 삼색전
누룽지카나페 · 버섯밀전병카나페 · 과일푸딩

단호박피자

재료

단호박 1개, 감자 1개, 불린 표고버섯 2개, 양송이버섯 5개, 피망 · 붉은 피망 · 노란 파프리카 1/2개씩, 브로콜리 1/4개, 모차렐라치즈 1컵, 토마토소스 4큰술, 소금 · 현미유 조금씩

이렇게 만들어요

1 단호박은 깨끗이 씻어 씨를 빼내고 반은 찌고 반은 채 썬다. 감자는 믹서나 강판에 간다.

2 표고버섯은 기둥을 떼어내고 곱게 채 썬다.

3 양송이버섯은 모양대로 얇게 썰어 일부는 토핑용으로 쓴다.

4 피망, 파프리카는 사방 1cm로 네모지게 썬다. 일부는 토핑용으로 둥글게 썰어도 좋다.

5 브로콜리는 다지듯이 잘게 썰어 놓는다.

6 준비한 버섯, 피망, 파프리카는 각각 소금을 조금 넣고 현미유 없이 살짝 볶아서 물기를 없앤다.

7 토핑용 재료를 빼고 ⑥의 버섯, 피망, 파프리카와 다진 브로콜리를 토마토소스로 버무린다.

8 채 썬 단호박과 감자는 잘 섞어서 소금으로 간해 큰 접시 크기로 전을 부친다.

9 프라이팬에 ⑧의 단호박감자전을 놓고 ⑥의 버무린 재료를 고루 올린다.

10 ⑨에 모차렐라치즈를 뿌리고 토핑용 피망과 양송이로 모양을 내고 찐 호박을 둥글게 두른 다음 뚜껑을 덮어 익힌다. 전자레인지를 이용할 때는 랩을 씌워 구멍을 낸 후 3분 정도 가열한다.

토마토소스를 만들어 써요

재료 : 토마토 3개, 조청 · 감식초 1큰술씩, 채수 5큰술

① 완숙토마토의 윗부분에 칼집을 내어 뜨거운 물에 데친다. ② 데친 토마토는 껍질을 벗기고 잘게 다진 다음 조청, 감식초, 채수를 넣어 되직해질 때까지 끓인다. 토마토를 곱게 갈아서 사용해도 좋다. ③ 버섯을 다져 넣거나 견과류를 넣으면 소스의 맛이 더 풍부하다.

사먹는 피자가 안심이 안 될 때는 단호박, 감자 등 신선한 채소로 직접 만들어요.
냉장고 속 채소 몇 가지와 토마토소스, 모차렐라치즈만 있으면 된답니다.
단호박전을 만들기 번거로울 때는 잡곡빵, 식빵을 쓰면 미니 피자를 만들 수 있어요.

함지쌈

라이스페이퍼에 삶은 감자와 버섯, 파프리카 등 색색의 채소를 넣어 돌돌 말았어요.
겨자소스를 만들 때 연겨자의 양만 줄이면 아이들도 잘 먹어요.
재료를 준비해 아이들이랑 함께 만들고, 손님들에게 아이 솜씨를 소문내 주세요.

재료

라이스페이퍼 20장, 표고버섯 2장, 느타리버섯 1줌, 양배춧잎 1장, 붉은 파프리카 · 노란 파프리카 1/2개씩,
감자(중간 크기) 1개, 미나리 5줄기, 식초 · 소금 · 후춧가루 조금씩
겨자소스 맛간장 · 연겨자 · 식초 2큰술씩, 조청 1큰술, 참기름 1작은술

이렇게 만들어요

1 불린 표고버섯은 기둥을 떼어내고 채 썬 다음 팬에 기름을 두르지 않고 타지 않게 볶는다.

2 느타리버섯은 끓는 물에 소금을 넣어 데쳐서 잘게 찢어 놓는다.

3 양배추는 곱게 채 썰어 소금을 넣고 살짝 볶는다.

4 색색의 파프리카는 곱게 채 썬다.

5 감자는 껍질을 벗겨 찜솥에 물기가 없이 찐 다음 채에 내려 곱게 으깬다. 으깬 감자는
 소금과 후춧가루로 간한다.

6 미나리는 삶아 찬물에 헹구어 놓는다.

7 으깬 감자와 준비한 채소를 큰 그릇에 담고 소금을 넣어 고루 섞는다.

8 라이스페이퍼는 뜨거운 물에 재빨리 적신 다음 펴놓고 ⑦의 재료를 손으로 둥글게 만들어
 넣고 보기 좋게 싼다.

9 분량의 재료를 섞어 겨자소스를 만든다.

10 함지쌈을 접시에 보기 좋게 돌려 담고 겨자소스를 곁들여 낸다.

채소를 보기 좋게 올려요
으깬 감자에 채소를 섞지 않고 감자만 원하는 모양대로 만든 후 준비한 채소를 위에 올려
도 좋아요. 그런 다음 뜨거운 물에 적신 라이스페이퍼로 돌돌 말면 채소의 색이 잘 보여
서 예뻐요.

1차 간은 약하게 해요
재료를 볶거나 간을 할 때는 1차로 약하게 하고, 감자를 넣고 간할 때 제대로 간을 해줘야 맛있어요.

감자김치만두

삶아서 곱게 으깬 감자 속에 볶은 배추김치와 견과류를 다져 넣은 별미 만두에요.
밀가루로 만든 만두가 소화가 안 되거나 속이 찬 가족을 위해 만들어 보세요.
모양이 예뻐 초대요리, 간식으로 내면 인기만점 메뉴랍니다.

재료

감자 3개, 배추김치 3줄기, 견과류(땅콩, 호두, 잣 등) 1/2컵,
참기름 · 현미유 · 통깨 조금씩

6

이렇게 만들어요

1 감자는 껍질을 벗기고 푹 찐 후 뜨거울 때 곱게 으깬다.

2 배추김치는 익은 것으로 준비해 손으로 양념을 훑어내고 물기를 꼭 짠 다음 잘게 다진다.

3 달군 팬에 현미유와 참기름을 두르고 다진 김치를 볶는다.

4 견과류는 한 가지 또는 2~3가지 준비해 잘게 다진다.

5 볶은 김치에 견과류, 통깨를 넣어 잘 섞는다.

6 으깬 감자는 손에 올려 동글동글하게 빚다가 납작하게 만들어 볶은 김치를 넣고 잘
  오므린다.

7 접시에 보기 좋게 담아 따뜻하게 낸다.

김치는 물기를 꼭 짜요
김치는 묵은김치를 이용하면 좋아요. 김치를 볶기 전에 물기를 꼭 짜고 쓰세요.

남은 만두는 옹심이로 넣어요
먹고 남은 감자김치만두는 채수를 끓여 옹심이로 넣어 먹으면 별미랍니다.

새송이핫도그

새송이버섯을 맛간장, 조청에 조린 다음 튀김옷을 입혀 튀겼어요.
아이들은 핫도그처럼 꼬치에 꽂는 요리를 좋아해요.
변신에 성공한 버섯핫도그를 새콤달콤 사과소스와 먹는 맛이 어떨까요?

재료

새송이버섯(중간 크기) 12개, 맛간장 1컵, 조청 1/2컵, 밀가루 5큰술, 현미유 적당량
튀김옷 찹쌀가루 · 물 1/2컵씩, 녹말가루 1큰술, 소금 조금
사과소스 사과 1/2개, 간장 · 식초 · 조청 1큰술씩, 깨소금 조금

이렇게 만들어요

1 새송이버섯은 깨끗이 씻어 10개는 물기를 털어서 두고, 2개만 잘게 다진다.

2 모양 살린 새송이버섯은 맛간장과 조청에 조린 후 꼬치에 꿴다.

3 찹쌀가루, 녹말가루에 물을 넣어 멍울 없이 섞은 다음 다진 새송이버섯을 넣어 튀김옷을 만든다.

4 새송이버섯에 밀가루를 고루 묻히고 톡톡 털어낸 ③의 튀김옷을 묻힌다.

5 170℃의 기름에 꼬치를 살살 돌려가며 노릇노릇하게 튀긴다. 튀김옷을 묻힌 후 튀김옷이 떨어지지 않게 조금 들고 있다 튀겨야 모양이 예쁘다.

6 튀긴 꼬치는 식혔다가 다시 튀김옷을 묻혀 2번 더 튀긴 다음 종이타월에서 기름을 뺀다.

7 사과를 믹서에 갈아서 다른 재료와 함께 살짝 끓여 소스를 만든다.

8 접시에 꼬치를 담고 소스를 곁들여 낸다.

카레가루, 녹차가루를 넣어도 좋아요
밀가루옷을 만들 때 카레가루를 넣어 노란색을 내거나 녹차가루로 초록색을 내는 것도 좋아요. 훨씬 색이 예쁘고 영양도 더할 수 있어요.

꼬마연잎밥

연잎어 찹쌀과 연자, 견과류, 밤, 대추 등을 푸짐하게 넣어 찐 영양밥이랍니다.
먹기 좋은 크기로 작게 만들어 내면 모양이 예뻐 초대요리로 손색이 없어요.
녁녁히 만들어서 냉동실에 넣어두고 아침이나 도시락, 간식으로 내도 좋아요.

재료

연잎 4장, 찹쌀 2컵, 연근 1/4개, 연자 1줌, 호두 · 은행 · 대추 10개씩, 잣 2큰술, 소금 조금

이렇게 만들어요

1 찹쌀은 씻어서 2시간 이상 불린다. 현미나 흑미를 써도 좋다.

2 연잎은 물에 깨끗이 씻어서 물기를 빼고, 연근은 껍질을 벗겨 먹기 좋은 크기로 자른다.
  연자는 깨끗이 씻어 물에 불려 둔다.

3 호두는 씻은 후 껍질째 썰어 준비한다.

4 은행은 프라이팬에 볶은 다음 종이타월로 살살 비벼 속껍질을 벗기고 대추는 가늘게 채
  썬다.

5 찹쌀과 연근, 연자는 찜통에 넣고 찐다. 김이 오르면 중간에 한 번 뒤적이며 소금물을
  뿌린 다음 찰밥이 퍼지면 불을 끈다.

6 연잎을 펼쳐놓고 찐 찰밥에 호두, 은행, 대추, 잣을 골고루 얹은 다음 연잎으로 감싸 찜통
  에서 20분 정도 더 찐다.

사찰요리에 많이 쓰는 연잎

진흙탕 속에서 자라지만 아름다운 꽃을 피우는 연은 잎, 꽃, 뿌리 모두 요리뿐 아니
라 약재로도 쓰인답니다. 특히 마음을 가라앉히고 피로 회복에 좋아요. 연잎은 밥
과 차, 국수, 전에 많이 쓰고 연자는 조림과 죽에 넣는답니다. 연꽃은 차나 술에, 가
장 많이 먹는 연근은 찹쌀찜, 밥, 조림, 김치 등으로 다양한 요리를 만들 수 있어요.

가지새싹샐러드

아삭아삭 새싹채소를 밀가루옷 입혀 지진 가지로 돌돌 말고 겨자소스를 곁들였어요.
만들기 쉬우면서도 모양도 폼이 나니 초대요리에 잘 어울려요.
물컹한 느낌 때문에 가지를 싫어하는 아이들도 의외로 잘 먹는답니다.

재료

가지 2개, 새싹채소 2줌, 밀가루 · 물 1/2컵씩, 소금 · 현미유 조금씩
겨자소스 연겨자 · 조청 · 식초 2큰술씩, 간장 · 레몬즙 · 참기름 1큰술씩

이렇게 만들어요

1 가지는 세로로 2등분하여 0.5cm 두께로 얇게 썬다.

2 새싹은 살살 흔들어 씻어 물기를 뺀다.

3 밀가루는 약간 묽게 반죽해 밀가루옷을 만든다.

4 썬 가지에 ③의 밀가루옷을 입혀 달군 팬에 기름을 두르고 노릇노릇하게 지진다.

5 분량의 재료를 섞어 겨자소스를 만든다.

6 큰 접시에 새싹을 가운데 놓고 가지전 안에 새싹을 먹기 좋을 만큼 넣어 돌돌 말아서
  소스와 함께 낸다.

새싹채소는 물에 살살 흔들어 씻어요
가지의 보라색에는 안토시아닌이라고 해서 노화 방지, 항암효과가 뛰어난 색소 성분이 있
어요. 새싹채소도 이에 못지않게 영양이 많아 다 자란 채소보다 3~4배 영양이 우수해요.
새싹채소를 씻을 때는 물에 살살 흔들어 씻어야 해요. 넉넉한 그릇에 새싹채소를 넣고 그
릇 양쪽을 살살 흔들면 껍질이 가운데로 모이는데, 이때 수저로 떠내세요.

초계탕

버섯과 배춧잎, 오이, 유부 등을 넣어 담백한 맛을 살린 채식 초계탕이에요.
더위를 이기기 위해 복날에 먹는 여름철 별미가 바로 초계탕이랍니다.
원래는 닭육수로 국물을 내고 닭고기에 식초, 겨자를 넣어 만들어요.

재료

마른 새송이버섯 · 표고버섯 5개씩, 배춧잎 2~3장, 오이 1/2개, 당근 1/4개, 유부 4장, 간장 1작은술,
소금 · 후춧가루 · 참기름 조금씩
국물 간장 · 연겨자 · 식초 · 발효액 2큰술씩, 생강즙 1작은술, 소금 조금, 채수 4컵

이렇게 만들어요

1 마른 새송이버섯은 미지근한 물을 부어 불린다. 부드러워지면 손으로 찢어 소금, 참기름,
　후춧가루로 밑간한 뒤 살짝 볶는다.

2 표고버섯은 채 썰어 데친 후 소금, 참기름으로 밑간해서 볶는다.

3 분량의 재료를 섞어서 국물을 만든 다음 냉장고에 차게 넣어둔다.

4 배춧잎은 줄기 부분만 길게 채 썰어 살짝 데친 다음 소금, 참기름으로 밑간해 볶는다.

5 오이는 돌려깎은 다음 채 썰어 소금에 살짝 절이고, 당근은 채 썰어 소금으로 간해 볶는다.

6 유부는 채 썰어 끓는 물에 한번 데쳐 기름을 뺀 뒤 물기를 꼭 짠 다음 간장. 참기름으로
　밑간한다.

7 접시에 볶은 버섯과 배춧잎, 오이, 당근, 유부를 보기 좋게 돌려 담고 냉장고에 둔 국물을
　부어 상에 낸다.

새송이버섯은 말려서 써요
새송이버섯을 말렸다가 물에 불려 사용하면 쫄깃쫄깃 씹는 맛이 좋아요. 이때 너무 얇게
찢지 말고 적당히 굵게 썰어서 말리는 것이 좋아요.

냉잡채

달착지근한 잡채와 달리 겨자소스의 톡 쏘는 맛으로 차게 먹는 잡채랍니다.
버섯은 쫄깃쫄깃, 채소는 아삭아삭 제맛을 살려 먹을 수 있어요.
아이들과 함께 먹을 때는 연겨자를 조금만 넣어 소스를 만드세요.

재료

당면 100g, 불린 표고버섯 6장, 흰 목이버섯 1개, 양배춧잎 · 적양배춧잎 2장씩,
오이 1개, 당근 1/2개, 깻잎 8장, 피망 1개, 불린 다시마 1장(10×10cm), 현미유
적당량
버섯 양념 맛간장 1큰술, 참기름 1작은술
잡채 양념 맛간장 1/2컵, 설탕 1큰술, 현미유 조금
겨자소스 맛간장 · 배즙 · 레몬즙 2큰술씩, 연겨자 · 조청 1큰술씩

이렇게 만들어요

1 당면은 찬물에 가지런히 넣어 미리 불려 놓는다. 당면은 너무 많이 넣지 않는다.

2 표고버섯은 물기를 꼭 짜서 채 썬 다음 맛간장, 참기름으로 무쳐 팬에 살짝 볶는다.

3 목이버섯은 찬물에 불려서 먹기 좋게 손으로 찢은 다음 맛간장, 참기름으로 조물조물
  양념해 살짝 볶는다.

4 양배추, 적양배추, 오이, 당근, 깻잎, 피망, 다시마는 알맞은 굵기로 채 썰어 준비한다.

5 불린 당면은 끓는 물에 삶아서 헹군 다음 먹기 좋은 크기로 잘라 물기를 뺀다.

6 달군 팬에 기름을 두르고 맛간장, 설탕을 넣은 다음 삶은 당면을 넣어 간이 배도록 저어
  가며 볶는다.

7 분량의 재료를 섞어서 겨자소스를 만든다.

8 큰 접시에 볶은 당면과 버섯, 채 썬 채소를 보기 좋게 돌려 담고 소스를 뿌리거나 곁들여
  낸다.

과일비빔국수

매콤하게 양념한 비빔국수를 한 입 크기로 돌돌 말아 말린 과일에 올렸어요.
부드러운 국수와 쫄깃하게 씹히는 과일 맛이 잘 어울려요.
물론 말린 과일이 없을 때는 생과일을 써도 좋아요.

재료

소면 300g, 말린 사과 · 말린 귤 1줌씩, 수박 4조각, 키위 1개, 소금 · 현미유
조금씩
양념장 고추장 · 매실발효액 2큰술씩, 간장 · 고춧가루 1큰술씩, 사과 1/4개,
참기름 · 통깨 조금씩

1

이렇게 만들어요

1 끓는 물에 소금을 넣고 국수를 넣어 삶다가 물이 끓어오르면 젓가락으로 젓는다. 끓기
  전에 젓가락으로 저으면 국수가 끊어진다. 다 삶아지면 찬물에 여러 번 헹궈 소쿠리에
  건져 그릇에 담는다.

2 과일은 말린 것은 그대로 쓰고 수박처럼 물기가 많은 과일은 물기를 뺀 후 달군 팬에
  현미유를 두르고 노릇노릇 굽는다.

3 사과를 강판에 갈고 나머지 분량의 재료를 섞어 양념장을 만든다.

4 삶은 국수에 양념장을 붓고 고루 비빈다.

5 말린 사과, 귤, 키위 위에 국수를 먹기 좋은 크기로 돌돌 말아 올리고 구운 수박을 곁들여
  낸다.

국수는 쫄깃하게 삶아요
국수를 삶을 때는 소면 100g당 6컵의 물이 적당해요. 처음에는 냄비에 물 4컵을 붓고 끓기 시작하
면 소면을 넣어 6분 정도 삶아요. 국수가 부르르 끓어오르면 찬물 1컵을 넣고, 끓어오르면 또 찬물
1컵을 넣으면 쫄깃해요. 삶은 국수는 찬물을 흘려가며 두 손으로 비벼 전분을 씻어낸 다음 손으로
사리를 지어 물기를 빼야 해요.

김말이튀김

분식집 대표메뉴인 김말이튀김에 견과류, 채소를 넣어 맛과 영양을 더했어요.
입맛에 따라 당면의 양을 줄이고 채소를 더 늘려도 좋아요.
바로 먹을 때는 피자치즈를 조금 넣으면 색다른 맛을 낼 수 있어요.

재료

김밥용 김 3장, 당면 2줌, 호두 5알, 땅콩 1/2컵, 애호박 1/2개, 당근 1/4개, 꼬치 · 현미유 적당량,
소금 · 참기름 조금씩
튀김옷 밀가루 1/2컵, 녹말가루 5큰술, 채수 1/3컵

이렇게 만들어요

1 당면은 물에 불렸다가 끓는 물에 삶아 2cm 정도 길이로 자른 다음 체에 받친다.

2 김은 10×4cm 길이로 잘라 녹말가루를 뿌린다.

3 호두, 땅콩은 곱게 다져서 준비한다.

4 애호박, 당근은 김과 비슷한 길이로 채 썬다.

5 큰 그릇에 삶은 당면과 호두, 땅콩, 애호박, 당근을 담고 소금, 참기름을 넣어 섞는다.

6 김에 ⑤를 넣고 돌돌 말아서 꼬치로 고정시킨다.

7 밀가루, 녹말가루에 차가운 채수를 부어 젓가락으로 대강 반죽한다.

8 ⑥의 꼬치에 튀김옷을 충분히 묻힌다.

9 튀김옷을 입힌 꼬치는 160℃ 정도로 달군 현미유에서 노릇노릇하게 튀긴다.

얼음물로 튀김옷을 반죽해요
바삭바삭한 튀김을 만들기 위해서는 튀김옷을 반죽할 때 얼음물을 넣어 젓가락으로 대강 반죽하면
좋아요.

삼색전

재료

감자 3개, 당근 1개, 매생이 1줌,
밀가루 2컵, 현미유 적당량, 소금 조금

채소전은 1~2번만 뒤집어요
채소전은 너무 자주 뒤집으면
질어지니 1~2번 정도만 뒤집어
야 맛이 좋아요. 호박전은 부칠
때는 반죽이 점점 질어지니 처
음부터 되직하게 반죽하세요.

이렇게 만들어요

1 감자와 당근은 깨끗이 씻어 껍질째 따로따로 강판에 간 다음 면보에 넣어 즙을 짠다. 물은
 버리지 않고 반죽 농도를 조절하는 데 쓴다.

2 매생이는 깨끗이 씻어 곱게 다져 놓는다.

3 ①의 감자, 당근 간 것에 각각 밀가루를 조금씩 넣고 농도를 보며 반죽한다. 다진 매생이
 에도 밀가루, 물을 넣어 반죽한다.

4 달군 팬에 한 수저씩 올려 먹기 좋은 크기로 전을 부친다. 두께는 1cm 정도로 해서 타지
 않게 불을 조절하며 부친다.

누룽지카나페

재료

밥 1공기, 까망베르치즈 100g , 토마토
1개, 새싹채소 1줌, 현미유 적당량
버섯두유소스 양송이버섯 2개,
표고버섯 1개, 대추 2개, 두유 1/2컵,
녹말물(녹말가루 1큰술, 채수 2큰술),
소금 · 후춧가루 조금씩

이렇게 만들어요

1 팬에 현미유를 바르고 밥을 한 수저씩 넣어 얇게 펴서 20분간
　노릇하게 굽는다.

2 까망베르치즈는 먹기 좋은 크기로 네모지게 자른다.

3 토마토는 먹기 좋은 크기로 네모지게 또는 둥글게 자르고,
　새싹채소는 찬물에 살살 흔들어 씻어 물기를 없앤다.

4 양송이버섯, 표고버섯, 대추는 곱게 다져서 달군 팬에 볶다가 두유를 부어 끓인다.
　끓으면 소금, 후춧가루로 간하고 녹말물을 부어 걸쭉한 소스를 만든다.

5 ①의 누룽지 위에 소스를 바르고 치즈, 새싹채소, 토마토를 보기 좋게 올린다.

버섯밀전병
카나페

재료

새송이버섯 2개, 석이버섯 6개,
모차렐라치즈 1/2컵, 밀가루 3큰술,
소금 · 포도씨오일 조금씩
밀전병 반죽 밀가루 · 물 1컵씩,
소금 1/2작은술

밀전병 반죽은 묽게 해요
반죽이 주르륵 흐를 정도로 묽
게 반죽해야 밀전병을 매끄럽
게 부칠 수 있어요.

이렇게 만들어요

1 밀가루에 소금을 넣고 분량의 물을 부어 멍울 없이 고루 반죽한다.

2 달군 팬에 반죽을 한 수저씩 올려서 얇게 밀전병을 부친다.

3 새송이버섯, 석이버섯은 송송 썰어 모차렐라치즈, 밀가루, 소금을 넣고 섞는다.

4 ③의 반죽을 팬에 올려 밀전병보다 작은 크기로 부친다.

5 밀전병 위에 버섯전을 올려서 보기 좋게 담는다.

과일푸딩

재료

블루베리 10개, 천도복숭아 1개,
레몬 1개, 딸기 5개, 한천 1큰술,
우유 1컵, 생크림 1/4컵, 설탕 3큰술

한천은 미리 불려야 해요
한천가루는 적은 양의 물에도
잘 녹으니 바로 섞어서 사용하
기 편해요. 하지만 실, 각, 판으
로 된 한천은 미리 물에 불렸다
가 써요.

한천은 식물성, 젤라틴은 동물성
동물성인 젤라틴과 달리 우뭇가
사리로 만든 한천은 식물성이니
안심하고 사용할 수 있어요.

이렇게 만들어요

1 블루베리와 천도복숭아, 사과, 레몬은 믹서에 각각 곱게 간다.

2 한천가루는 물과 섞는다.

3 냄비에 우유, 생크림, 설탕을 넣어 약한 불에서 녹이다가 끓기 전에 불에서 내려 ②를
  넣어 녹인다.

4 ①의 4가지 재료에 ③을 각각 부어 모양이 있는 그릇에서 차게 굳힌다.

Part 05
달콤 디저트 & 건강차

초코단자와 다시마차 · 우엉초코쿠키와 돼지감자차 · 모둠강정과 허브차

바나나연잎머핀과 우엉차 · 메밀쿠키와 연근차 · 고구마아이스크림

두부아이스크림 · 바나나무주스 · 그린주스

초코단자와 다시마차

찹쌀가루를 익반죽하고 팥앙금에 초코칩, 호두를 넣은 달콤한 디저트에요.
떡을 싫어하는 아이들도 잘 먹고 생일상, 손님상에 내면 폼이 나요.
담백한 맛의 다시마차는 신진대사를 돕고 고혈압, 변비를 막는답니다.

＼
초
코
단
자
＼

재료
찹쌀가루 3컵, 소금 1/2작은술
소 팥앙금 1/2컵, 초코칩 1/3컵, 분태호두 1/4컵
고물 초코크런치 2컵

이렇게 만들어요

1 찹쌀가루에 소금을 넣고 섞어서 체에 내린 다음 끓인 물을 부어 익반죽한다.

2 팥앙금에 초코칩, 분태호두를 넣고 고루 섞어 소를 만든다.

3 초코크런치는 믹서에 넣고 살짝 간다.

4 ①의 찹쌀반죽에 ②의 소를 넣어 둥글게 빚는다.

5 냄비에 물을 붓고 끓으면 ④의 단자를 넣는다. 단자가 떠오르면 30초~1분
  정도 후에 건진 다음 얼음물에 헹궈 물기를 빼고 면보로 살짝 물기를 없앤다.

6 ⑤의 단자는 초코크런치를 고루 묻혀서 접시에 담아 낸다.

＼
다
시
마
차
＼

재료 다시마 1kg, 유기농 설탕 3kg, 식초 1.8L

이렇게 만들어요

1 다시마는 물기를 꼭 짠 행주로 먼지와 소금기를 살살 닦고 잘게 자른다.

2 단지나 유리병에 자른 다시마를 차곡차곡 넣고 유기농 설탕, 식초를 분량의
  반만 담고 1주일 숙성시킨다. 하루에 2~3회 물이 묻지 않은 수저로 저어 준다.

3 1주일 후 남은 설탕과 식초를 모두 넣고 3개월 이상 숙성시킨다.

4 숙성되면 찻잔에 적당량을 붓고 따뜻한 물을 타서 낸다.

우엉초코쿠키와 돼지감자차

우엉고 달달한 초코칩이 만나 바삭바삭 쿠키가 되었어요.
집에서 쿠키나 빵 굽는 냄새가 솔솔 나면 아이, 어른 할 것 없이 마법처럼 행복해하죠.
장아찌, 부침개로 좋은 돼지감자는 혈당을 내리고 고혈압, 다이어트에 좋아요.

／우엉초코쿠키／

재료
우엉 1/4줄기, 초코칩 1/2컵
A 박력쌀가루 1/2컵, 코코아가루 2작은술, 소금 조금
B 꿀 4큰술, 두유 2큰술, 카놀라오일 3큰술

이렇게 만들어요

1 우엉은 껍질을 벗기고 씻어 다진 다음 끓는 물에 데쳐 물기를 없앤다.

2 A 재료를 체에 내린다.

3 B 재료를 거품기로 고루 섞는다.

4 ②에 ③을 넣고 반죽해 데친 우엉, 초코칩 1/2을 넣어 한 덩어리로 뭉친 다음
   비닐봉지에 넣어 15분 휴지시킨다.

5 휴지가 끝난 반죽은 조금씩 떼어 둥글납작하게 만들어 오븐팬 위에 유산지를
   깔고 놓는다. 반죽 위에 토핑용 초코칩을 5~6개씩 올려 놓는다.

6 ⑤를 170℃로 예열시킨 오븐에서 15~20분 정도 구워 낸다.

／돼지감자차／

재료 돼지감자(중간 크기) 10개

이렇게 만들어요

1 돼지감자는 껍질째 씻어 얇게 저며 썬 다음 채반에 말린다.

2 아주 약한 불에서 마른 팬에 돼지감자를 올려 타지 않도록 덖는다. 덖은 돼지
   감자를 식힌 후 다시 덖는 것을 몇 차례 반복한다.

3 뜨거운 물 한 잔에 덖은 돼지감자 3~4조각을 넣어 상에 낸다.

모둠강정과 허브차

건뇌식품으로 꼽히는 검은콩과 깨, 들깨로 만든 고소한 디저트에요.
콩을 불려서 찌고 볶는 과정이 번거로울 때는 뻥튀기 기계로 튄 것을 사용하면 좋아요.
향이 좋은 캐모마일을 말려 두었다가 차로 내면 잘 어울려요.

콩강정

재료 검은콩 1컵, 통깨·들깨 1/2컵씩, 조청 1컵

이렇게 만들어요

1 검은콩은 물에 20~30분 정도 불려서 물기를 뺀다.

2 찜통에 면보를 깔고 씻은 콩을 1시간가량 찐다.

3 다 찐 콩은 한 김 날리고 마른 팬에 올려 약한 불에서 타지 않게 자주 저어가며
   노릇노릇하게 볶는다.

4 볶은 콩은 조청에 살짝 담갔다가 조청이 흐르지 않으면 볶은 통깨, 들깨에
   각각 묻힌다.

허브차

재료 캐모마일꽃 1줌, 소금 2큰술, 물 5컵

이렇게 만들어요

1 깨끗한 곳에 있는 캐모마일꽃을 따거나 직접 캐모마일을 길러서 꽃을 딴다.
   너무 피지 않은 꽃으로 골라 손가락 사이에 꽃을 두고 위로 살짝 올려서 딴다.

2 소금을 물에 녹인 다음 꽃을 담갔다가 바로 건진다.

3 소금물에서 건진 꽃은 깨끗한 물에 담가서 두어번 헹군 다음 체에 받쳐 물기를
   뺀다.

4 물기 빠진 캐모마일꽃을 채반에 넣어 반그늘에서 바짝 말리거나 살짝 말린 후
   마른 팬에서 덖는다.

5 끓인 물 한 잔에 말린 캐모마일꽃 한두 송이를 넣어 낸다. 2~3분 정도 우려
   마신다.

바나나연잎머핀과 우엉차

달콤한 바나나와 연잎을 넣은 머핀에 구수한 숭늉 맛을 내는 우엉차를 곁들였어요.
차 대신 달지 않은 커피와도 잘 어울리는 인기 디저트랍니다.
시간이 있을 땐 머핀을 넉넉히 만들어 이웃이나 아이 친구, 선생님에게도 선물해 보세요.

재료

바나나 2개, 연잎 1/2장, 두유 1/4컵
A 박력분 1컵, 베이킹파우더 1작은술, 소금 조금
B 두유 1컵, 설탕 1/4컵, 올리고당 2큰술, 카놀라오일 3큰술

이렇게 만들어요

1 바나나 1개는 믹서에 갈아 퓌레를 만들어 놓는다.

2 믹서에 연잎, 두유를 넣어 곱게 간다.

3 A 재료를 모두 섞어서 체에 내린다.

4 B 재료를 볼에 넣고 핸드믹서로 설탕이 다 녹을 때까지 섞는다.

5 ③에 ④를 부어 반죽을 만든 다음 반으로 나눈다.

6 ⑤의 반은 연잎과 두유를 갈아놓은 것에, 반은 바나나퓌레에 넣어 반죽한다.

7 머핀틀에 바나나 반죽과 연잎 반죽을 반씩 넣는다. 반죽은 60% 정도 차게
넣고 토핑용 바나나 1개를 1cm 정도 두께로 썰어 올린다.

8 170℃로 예열시킨 오븐에서 15~20분 굽는다.

재료 우엉 1줄기

이렇게 만들어요

1 우엉은 껍질째 깨끗이 씻어서 어슷어슷 썬다.

2 썬 우엉은 채반에 널어 햇볕에서 꾸들꾸들하게 말린다.

3 팬에 말린 우엉을 넣고 약한 불에서 타지 않도록 덖는다.

4 우엉이 노릇해지면 식혔다가 바삭해질 때까지 다시 덖는 과정을 반복한다.

5 끓인 물을 찻잔에 붓고 덖은 우엉 3~4조각을 넣어 낸다.

생우엉을 써도 좋아요
말린 우엉이 없을 땐 생우엉을 써도 좋아요. 우엉을 어슷어슷 썰어 팬에 넣고 노릇노릇해질 때까지
볶다가 물을 부어 푹 끓이면 된답니다.

메밀가루에 쌀가루, 아몬드가루를 넣어 고소한 맛을 살렸어요.
버터 대신 식물성 오일을 사용해 트랜스지방 걱정이 없는 채식쿠키랍니다.
차를 좋아하지 않는 아이라면 과일주스, 식혜, 두유와 내세요.

메밀쿠키와 연근차

재료

A 메밀가루 1/4컵, 쌀가루 1/3컵, 아몬드가루 2큰술, 소금 1작은술
B 바나나 1/4개, 설탕 2큰술, 카놀라오일 5큰술

이렇게 만들어요

1 A 재료를 함께 섞어서 체에 내린다.

2 B 재료에 들어가는 바나나는 믹서에 간 다음 설탕, 카놀라오일을 넣고 거품기로 설탕이 다 녹을 때까지 섞는다.

3 ①에 ②를 합해 자르듯이 반죽해 한 덩어리로 뭉친 다음 비닐봉지에 넣어 냉장고에 넣어 휴지시킨다.

4 1시간 후에 반죽을 꺼내 작고 동글납작하게 만들어 오븐팬 위에 놓는다.

5 170℃로 예열시킨 오븐에서 15~20분 정도 굽는다.

6 구워낸 쿠키는 식힘망에서 완전히 식혀야 잘 부서지지 않고 바삭바삭한 맛이 난다. 하루 지나면 부드러운 맛이 된다.

재료 연근 1/2개

이렇게 만들어요

1 연근은 껍질째 깨끗이 씻어 얇게 썬 다음 반나절 정도 통풍이 잘 되는 그늘에서 꾸덕꾸덕하게 말린다.

2 말린 연근은 팬에 올리고 약한 불에서 저어가며 덖는다. 덖으면 채반에서 식힌다.

3 물기가 없어질 정도로 다시 덖고 식히는 과정을 몇 번 반복한다.

4 뜨거운 물에 덖은 연근 4~5조각을 넣고 충분히 우려내서 마신다. 남은 연근은 밥을 할 때 넣어 먹으면 좋다.

고구마
아이스크림

재료

고구마 1개, 우유 1/2컵씩,
올리고당 1큰술, 얼음 3개

아몬드를 넣어도 좋아요
완성된 아이스크림 위에 아몬드
슬라이스한 것을 올려 보세요.

이렇게 만들어요

1 고구마는 삶아서 껍질을 벗긴 후 곱게 으깬다.

2 믹서에 으깬 고구마, 우유, 올리고당, 얼음을 넣고 곱게 간다.

3 ②를 용기에 담아 냉동실에서 얼린다.

4 3시간 정도 후에 꺼내 포크로 긁는다.

5 다시 얼렸다가 3시간 후에 꺼내서 긁는 것을 2~3회 반복한다.

두부
아이스크림

재료

두부 1모, 두유 1/2컵, 레몬즙 1큰술,
설탕 3큰술, 소금 1작은술

과일을 넣어 보세요
냉장고에 있는 여러 가지 과일
을 넣고 갈아 보세요. 그때그때
다양한 맛을 즐길 수 있어요.

이렇게 만들어요

1 두부는 면보로 꼭 싸서 물기를 뺀다.

2 믹서에 으깬 두부와 두유, 레몬즙, 설탕, 소금을 넣고 곱게 간다.

3 ②를 용기에 담아 냉동실에 넣어 얼린다.

4 3시간 정도 후에 꺼내 포크로 긁는다.

5 다시 얼려서 3시간 후에 긁는 것을 2~3회 반복한다.

바나나무주스

재료

바나나 2개, 무 1/8개, 우유 1컵

> **주서기를 이용해도 좋아요**
> 주서기를 이용하거나 믹서에
> 간 재료를 면보에 한번 거르면
> 입자가 고와지니 부드럽게 마
> 실 수 있어요.

이렇게 만들어요

1 바나나는 껍질을 벗기고 큼직하게 자른다.

2 무는 깨끗이 씻어 적당한 크기로 듬성듬성 썬다.

3 믹서에 자른 바나나와 무, 우유를 넣고 간다.

그린주스

재료

사과 3개, 셀러리 2대, 배 · 오이 1개씩,
양배춧잎 1장

내몸에 맞는 주스를 만들어요

해독 · 변비 개선에 좋은 브로
콜리, 기침 · 가래에 좋은 더덕,
위장에 좋은 감자, 빈혈을 예방
하는 우엉, 니코틴 해독에 좋은
연근, 위염 · 위궤양에 좋은 양
배추 등 채소마다 효능이 있답
니다.
원하는 채소를 고른 다음 단맛
이 있는 사과같은 과일을 같이
갈면 마시기 편해요.

이렇게 만들어요

1 사과는 씻어서 껍질을 벗기고 씨 부분을 잘라낸 다음 큼직하게 썰어 준비한다.

2 셀러리는 깨끗이 씻어 적당한 크기로 자른다.

3 배는 씻어서 껍질을 벗기고, 오이는 소금으로 문질러 씻은 후 껍질을 벗겨 자른다.

4 양배추도 씻어서 손으로 적당한 크기로 찢어 놓는다.

5 준비한 사과, 셀러리, 배, 오이, 양배추를 믹서에 넣고 간다.

Part 06
아토피 제로 해독밥상

토마토압맥수프 · 연근찹쌀찜 · 연근유자청조림 · 표고버섯감자찜
도토리묵탕수 · 배추콩쌈 · 우엉선 · 대추두부완자 · 오이죽순샐러드
새송이미나리강회 · 녹차유미죽 · 감자국수

토마토압맥수프

'토마토가 붉게 익어가면 의사 얼굴이 파래진다'는 서양 속담 아세요?
잘 익은 완숙토마토에 당근, 압맥을 넣은 영양수프랍니다.
후다닥 준비하는 아침식사로, 가벼운 브런치 메뉴로 빵과 함께 준비해 보세요.

재료

완숙토마토 3개, 당근 1개, 압맥 3큰술, 올리브오일 1큰술, 소금 1작은술, 후춧가루 조금, 채수 2컵

이렇게 만들어요

1 토마토는 완숙된 것으로 골라 깨끗이 씻어서 껍질째 다진다.

2 당근은 껍질째 깨끗이 씻어서 얇게 저며 썬다.

3 달군 팬에 올리브오일을 두르고 압맥이 노릇노릇해지도록 볶다가 다진 토마토, 당근을
 넣어 조금 더 볶는다.

4 ③에 채수를 부어 재료가 물러질 정도로 푹 끓인 소금, 후춧가루를 넣어 불에서 내린다.

5 ④를 믹서에 부드럽게 갈아 입맛에 따라 따뜻하게 또는 차게 먹는다.

영양제보다 나은 건강채소, 토마토
토마토의 붉은색을 내는 '라이코펜' 성분은 항산화, 항알레르기, 항암효과가 뛰어나고
노화 방지, 심혈관 질환 예방, 혈당 저하 등에 좋아요. 또한 토마토는 칼로리가 낮아
아침식사를 토마토수프로 하거나 식전에 토마토를 먹으면 식사량을 줄일 수 있어요.
식이섬유가 많아 변비 걱정도 없애주죠.
한 가지, 토마토에 설탕을 뿌려 먹으면 비타민 K가 손실되니 주의하세요. 위장이 약하거나 냉증이
있으면 익혀서 먹는 것이 좋아요. 찌거나 구워도 영양성분이 거의 파괴되지 않는답니다.
토마토 껍질을 벗길 때는 + 모양으로 칼집을 낸 토마토를 끓는 물에 넣어 40초 정도 데치면 잘 벗
겨져요. 이것을 냉동보관했다가 필요할 때 꺼내 쓰면 간편해요.

연근찹쌀찜

몸의 독소를 빼주는 뿌리채소 연근에 찹쌀, 표고버섯, 피망을 넣어 익혔어요.
아삭아삭한 연근, 버섯의 씹히는 맛이 좋고 찰진 밥이 구수해요.
색색의 채소를 넣으면 색이 예뻐 초대요리로도 어울려요.

재료

연근 1개, 불린 찹쌀 1컵, 불린 표고버섯 1개, 피망 · 붉은 피망 1/2개씩, 식초 조금
참기름장 참기름 1큰술, 소금 1작은술

이렇게 만들어요

1 연근은 껍질을 벗겨서 5~6cm 두께로 잘라 식초를 탄 물에 잠깐 담가 놓는다.

2 불린 표고버섯과 피망은 잘게 다진다.

3 자른 연근 구멍에 다진 불린 찹쌀, 표고버섯, 피망을 넣어 채운다.

4 찜통에 속 채운 연근을 넣어서 찐다. 처음에는 연근을 눕혀서 찌다가 나중에는 찹쌀이 잘
  익도록 세워서 찐다.

5 참기름에 소금을 넣어 참기름장을 만든다.

6 찐 연근은 먹기 좋은 크기로 얇게 썰어 참기름장을 곁들여 낸다.

찹쌀이나 연근에 물을 들여 보세요
연근 속에 넣는 재료는 채소만 넣어도 좋고 찹쌀, 흑미 등 곡류만 넣어도 맛있어요. 찹쌀만 넣을 때
는 비트나 백년초, 치자 등으로 밥알에 물을 들이면 예쁘답니다. 연근 역시 녹차가루나 비트, 치자,
시금치, 백년초 등으로 색색의 물을 들이면 색이 훨씬 고와요.

연근유자청조림

간장으로 많이 조려 먹는 연근을 향긋하고 달콤한 유자청으로 조려 보세요.
남은 연근은 유자청소스를 끼얹으면 상큼한 샐러드가 된답니다.
지혈효과가 있는 연근은 코피를 자주 흘리는 아이에게 좋아요.

재료

연근(중간 크기) 2개, 식초 1큰술, 통깨 1작은술, 물 1/2컵
조림장 유자청 3큰술, 소금 조금, 채수 2컵

이렇게 만들어요

1 연근은 껍질을 벗기고 씻은 뒤 둥근 모양을 살려 썬다.

2 냄비에 ①의 연근과 식초, 물을 붓고 3분 정도 삶는다.

3 삶은 연근은 오목한 팬에 담고 유자청, 채수를 넣어 끓인다.

4 끓기 시작하면 중간 불로 줄여 20분 정도 조린다.

5 국물이 자작해지면 소금을 넣어 더 조린 다음 통깨를 뿌리고 불에서 내린다.

면역력을 높여주는 뿌리채소, 연근

사찰음식에서 많이 쓰는 뿌리채소가 연근이에요. 뿌리채소는 면역력을 높이고 피로 회복, 항암효
과가 있어요. 연근은 끈적이는 성분에 있는 뮤신 성분이 위를 보호하고, 식이섬유가
풍부해 니코틴을 해독하고 변비까지 없애준답니다. 연근이 갈색으로 변하는
것을 막으려면 식초물에 담가두면 좋아요.

표고버섯감자찜

한 입에 쏙 넣으면 표고버섯의 씹히는 맛과 포슬포슬 감자의 맛이 잘 어우러져요.
다진 색색의 파프리카, 청국장을 넣어 맛과 영양을 더했어요.
특별한 날의 초대요리나 도시락으로 준비해도 인기 끄는 메뉴랍니다.

재료

마른 표고버섯 10개, 감자 2개, 피망 · 붉은 피망 · 노란 파프리카 1/2개씩, 청국장 2큰술, 잣 1작은술,
소금 · 참기름 조금씩

이렇게 만들어요

1 마른 표고버섯은 물에 불린 후 물기를 꼭 짜고 기둥을 뗀다.

2 감자는 씻어서 껍질을 벗기고 강판에 간 다음 면보에 싸서 물기를 짜내고 소금으로 간
  한다.

3 색색의 피망, 파프리카는 곱게 다진다.

4 표고버섯 기둥은 잘게 다진 후 소금, 참기름으로 양념해 볶는다.

5 큰 그릇에 ②의 감자, 파프리카, 볶은 표고버섯과 청국장을 넣어 고루 섞는다.

6 기둥을 뗀 표고버섯에 ⑤를 적당히 올리고 김이 오른 찜통에서 찐다.

7 버섯찜에 잣을 다져서 뿌린다. 통깨를 뿌려도 좋다.

> **양송이버섯으로 만들어 보세요**
> 표고버섯 대신 양송이버섯으로 해도 좋아요. 버섯의 기둥을 떼어내고 속을 조금 파낸 후 다져서 재
> 료에 함께 섞어 양송이버섯에 넣으세요. 이것을 찜통에 넣어 찌면 동글동글 귀여운 양송이버섯찜
> 이 된답니다.

쫄깃쫄깃 말린 도토리묵을 바삭바삭하게 튀기고 새콤달콤 소스를 끼얹었어요.
손님상에 내도 좋고 주말 별식으로도 인기랍니다.
해독효과가 있는 도토리는 중금속 배출에 효과가 있어요.

도토리묵탕수

재료

말린 도토리묵 200g, 당근 · 오이 · 피망 · 붉은 피망 · 노란 파프리카 1/2개씩, 파인애플 2쪽, 참기름 1큰술, 소금 · 후춧가루 조금씩, 현미유 적당량
소스 녹말가루 2큰술, 식초 3큰술, 소금 1작은술, 조청(발효액) 1/2컵, 채수 1컵

이렇게 만들어요

1 도토리묵은 손가락 굵기로 썰어 바짝 말린 것으로 준비해 물에 담가 불린 다음 소금, 후춧 가루, 참기름으로 밑간한다.

2 당근, 오이, 피망, 파프리카, 파인애플은 마름모꼴로 썰거나 모양틀로 모양을 내어 찍는다.

3 녹말가루에 채수를 같은 양으로 부어 녹말물을 만든다.

4 밑간한 도토리는 녹말가루를 고루 묻혀서 기름에 튀긴다.

5 남은 채수에 소금, 식초를 넣고 한소끔 끓이다가 조청, 녹말물을 넣어 농도를 조절한다.

6 ⑤의 소스가 걸쭉해지면 당근, 오이, 피망, 파프리카 순서로 단단한 채소부터 넣는다. 채소가 너무 익지 않도록 한소끔 끓으면 바로 불을 끈다.

7 그릇에 튀긴 도토리묵을 담고 소스를 넉넉히 얹는다.

해독 효과가 뛰어난 도토리

도토리는 장을 튼튼하게 만들어 설사를 막고, 지혈이나 중금속 배출 효과도 뛰어난 식품이에요. 칼로리가 낮으면서 포만감이 유지돼 다이어트에도 좋아요.
도토리묵을 말릴 때는 너무 두껍지 않도록 썰어서 팔팔 끓인 물에 소금을 조금 넣고 1~2분 삶아요. 이것을 채반에 펼쳐 햇볕이 잘 드는 곳에서 뒤집어주며 일주일 정도 말리면 된답니다. 요리할 때는 따뜻한 물에 말린 묵을 불려 꼬들꼬들해지면 건져서 써요.

배추콩쌈

색색의 콩과 버섯을 된장양념으로 무쳐 노란 배추 속잎에 싸먹어요.
동글동글한 콩은 어디 하나 버릴 것 없는 최상의 식품이에요.
밥상에 콩을 자주 올리면 영양뿐 아니라 성인병 예방에도 중요한 역할을 한답니다.

재료

배추 속잎 10장, 각색콩 3큰술, 우엉 10cm 1토막, 새송이버섯 1개, 불린 연자 1줌, 피망 · 붉은 피 망 1/2개씩,
소금 · 참기름 조금씩
된장소스 된장 2큰술, 참기름 · 통깨 · 조청 · 채수 1큰술씩

이렇게 만들어요

1 배추 속잎은 먹기 좋은 크기로 준비해 줄기 부분을 잘라내고 잎만 흐르는 물에 씻어
   물기를 턴다.

2 각색콩은 끓는 물에 소금을 조금 넣고 살짝 삶는다.

3 우엉은 껍질을 벗겨 끓는 물에 딱딱하지 않을 정도로 삶아 작게 썬다.

4 새송이버섯은 작게 썰어 우엉과 함께 달군 팬에 참기름을 두르고 볶는다.

5 피망은 다른 재료와 같은 크기로 썰어 놓는다.

6 분량의 재료를 섞어 된장소스를 만든다.

7 된장소스에 배추 속잎을 제외한 나머지 재료를 모두 섞어 버무린다.

8 배추 속잎에 ⑦의 무친 재료를 보기 좋게 얹는다.

무순을 얹어도 좋아요
무순이 있을 때는 몇 개씩 얹어서 내면 약간의 매운맛을 낼 수 있고 보기에도 좋아요.

우엉선

버섯과 채소를 볶고 우엉에 녹말가루를 묻혀 함께 쪘어요.
잣가루를 올려 고소함을 더하고 톡 쏘는 겨자초장이나 초고추장에 찍어 먹는답니다.
우엉에는 성장호르몬 분비를 늘려주는 성분이 있어 아이들에게 좋은 반찬이에요.

재료

우엉 1줄기, 표고버섯 · 새송이버섯 2개씩, 석이버섯 5개, 당근 · 오이 1/2개씩, 붉은 고추 1개, 녹말가루 1컵,
잣가루 1큰술, 참기름 · 후춧가루 · 소금 조금씩

이렇게 만들어요

1 우엉은 껍질째 깨끗이 씻어 필러로 얇게 저며 썰어 5cm 길이로 자른다.

2 표고버섯, 새송이버섯은 가늘게 채 썬다.

3 석이버섯은 미지근한 물에 미리 불려서 이물질을 없앤 다음 손으로 비벼 깨끗이 씻는다.

4 당근, 오이, 고추는 가늘게 채 썬다.

5 채 썬 표고버섯, 새송이버섯은 달군 팬에 참기름을 두르고 소금, 후춧가루로 양념해
　볶는다. 석이버섯은 팬에 기름을 두르지 않고 살짝 볶아 물기를 없앤다.

6 채 썬 당근, 오이, 고추는 달군 팬에 참기름을 두르고 소금으로 간해 따로따로 볶는다.

7 저민 우엉은 녹말가루를 고루 묻힌 다음 김발 위에 면보를 깔고 가지런히 올린다. 그
　위에 볶은 버섯, 당근, 오이, 고추를 넣고 돌돌 말아 김이 오른 찜통에서 15분 정도 찐다.

8 우엉선에 잣가루를 올리고 입맛에 따라 겨자초장이나 초고추장을 만들어 곁들인다.

대추두부완자

대추 안에 두부와 채소를 다져서 만든 완자를 넣고 맛간장, 조청으로 조렸어요.
모양이 재미있으니 아이들이 한 입씩 잘 먹어요. 반찬으로, 간식으로 준비해 보세요.
남은 완자는 기름에 튀겨 그냥 먹거나, 아이들이 좋아하는 소스를 뿌려 내도 좋아요.

재료

대추 20개, 두부 1/3모, 불린 표고버섯 3장, 당근 · 피망 · 붉은 피망 · 노란 파프리카 1/4개씩, 은행 20개,
참기름 · 통깨 · 녹말가루 1큰술씩, 소금 · 후춧가루 조금씩, 현미유 적당량
조림장 맛간장 1컵, 조청 1/2컵, 참기름 조금

이렇게 만들어요

1 깨끗이 씻은 대추는 돌려 깎아서 씨를 빼서 준비한다.

2 두부는 칼등으로 으깬 다음 면보에 싸서 물기를 꼭 짠다.

3 표고버섯, 당근, 피망, 파프리카는 곱게 다진 뒤 팬에 기름을 살짝 두르고 함께 볶다가
  소금으로 간한다.

4 으깬 두부와 볶은 채소는 큰 그릇에 담고 참기름, 통깨, 녹말가루, 소금, 후춧가루를 넣어
  손으로 치댄다.

5 완자반죽을 손에 조금씩 떼어 둥글게 만든 다음 대추에 넣는다. 속껍질을 벗긴 은행은
  완자 안에 넣거나 보이도록 완자에 살짝 박는다.

6 냄비에 분량의 맛간장, 조청을 넣고 반으로 줄 때까지 조리다가 속을 채운 대추를 넣어
  간장을 끼얹어 가며 약한 불에서 조린다. 국물이 자작해지면 참기름을 넣어 윤기를 낸다.

7 반죽이 남으면 조그맣게 완자를 빚어 녹말가루에 한번 굴려서 기름에 노릇노릇하게
  튀긴다. 튀긴 완자는 남은 간장으로 조린다.

오이죽순 샐러드

재료

오이 · 죽순 1개씩, 미나리 3줄기,
붉은 고추 1개, 쌀뜨물 2컵
초고추장 고추장 2큰술,
식초 · 조청 1큰술씩

죽순껍질로 효소를 만들어요
5~6월에 신선한 죽순을 샀을
때는 보라색 껍질을 버리지 말
고 효소를 만들어 보세요.
껍질을 가위로 잘라서 유리병
에 넣고 설탕을 동량 또는 더
넉넉히 넣어 밀봉, 3개월 정도
어둡고 시원한 곳에 두세요. 분
홍빛이 예쁘게 우러나면 물을
타서 음료로 마시거나 요리에
넣으면 좋답니다.

이렇게 만들어요

1 죽순은 쌀뜨물이나 된장을 푼 물에 푹 삶아 찬물에 하루 정도 담가 둔 다음 5cm 길이로
　모양대로 썬다.

2 오이는 3cm 통으로 썬 다음 작은 스푼으로 속을 파내 그릇 모양을 만든다.

3 미나리는 줄기만 송송 썰고 고추는 씨를 털어내고 채 썬다.

4 분량의 재료를 잘 섞어 초고추장을 만든다.

5 속을 파낸 ②의 오이에 초고추장을 담고 죽순과 미나리, 고추를 보기 좋게 올린다.

새송이
미나리강회

재료

새송이버섯 3개, 미나리 1줌,
대추 10개
초고추장 고추장 2큰술,
식초 · 조청 1큰술씩

이렇게 만들어요

1 새송이버섯은 갓을 잘라내고 세로로 두툼하게 썰어서 끓는 물에 소금을 넣고 데친다.

2 미나리는 굵은 것으로 준비해 잎을 잘라내고 줄기만 소금물에 데쳐서 찬물에 헹군다.

3 대추는 깨끗이 씻어서 반 갈라 씨앗을 빼낸다.

4 새송이버섯으로 대추를 감싸서 미나리 줄기로 돌돌 감아 묶는다.

5 분량의 재료를 고루 섞어 초고추장을 만든다.

6 접시에 ④의 버섯을 보기 좋게 담고 초고추장과 함께 낸다.

녹차유미죽

재료

현미 1컵, 녹차가루 2큰술, 우유 2컵,
소금 1/2작은술, 물 4컵

두유를 넣어 보세요
우유 대신 두유를 넣어도 맛이
좋아요. 다만 우유와 녹차는 너
무 많이 끓이면 안 되니 한소끔
끓으면 바로 불을 꺼야 해요.

이렇게 만들어요

1 쌀은 깨끗이 씻어 30분 정도 불렸다가 체에 밭쳐 물기를 뺀다.

2 녹차가루는 우유 1/2컵에 잘 풀어 놓는다.

3 냄비에 물을 붓고 불린 쌀을 넣어 밥알이 퍼질 때까지 충분히 끓인다.

4 흰죽이 되면 남은 우유와 녹차가루 갠 것을 넣고 한소끔 끓인다.

5 끓으면 소금으로 간하고 불에서 내린다.

감자국수

재료

감자 2개, 단호박 1/2개, 소금 조금,
채수 3컵

고구마국수도 만들어 보세요
감자 대신 고구마처럼 전분기
가 있고 단단한 뿌리채소로 국
수를 만들면 또 다른 맛이에요.

이렇게 만들어요

1 감자는 껍질을 벗기고 가늘게 채 썰거나 회전채칼을 이용해 썬 다음 찬물에 여러 번
   헹구어 둔다.

2 단호박은 씨앗을 빼고 씻어 찜기에서 푹 쪄서 으깬다.

3 으깬 단호박에 4배 정도의 물을 붓고 끓인다.

4 단호박죽이 끓으면 소금으로 간을 맞추고 불에서 내린다.

5 오목한 그릇에 단호박죽을 담고 감자국수를 보기 좋게 올려 낸다.

Part 07
키 쑥쑥 성장밥상

두부샐러드 · 두부잡채 · 삼색두부전 · 밤채소전골 · 우엉튀김 · 우엉구이
연근우엉탕수 · 버섯들깨볶음 · 검은깨죽 · 마른미역볶음

두부샐러드

두부와 샐러드 채소만 있으면 언제든지 후다닥 만들 수 있어요.
느즈막이 먹는 브런치나 두부를 넉넉히 넣어 간식으로 내면 좋아요.
두부는 콩의 영양은 그대로, 소화흡수율은 65%에서 95%로 높아진 완전식품이에요.

재료

두부 1모, 치커리 1줌, 래디시 1개, 녹말가루 3큰술, 소금 조금, 현미유 적당량
소스 간장 · 청주 1큰술씩, 맛술 8큰술, 레몬즙 2큰술, 생강즙 1작은술

이렇게 만들어요

1 두부는 한 입 크기로 네모지게 잘라 물기를 대충 닦고 소금을 조금 뿌려 약하게 간한다.

2 ①의 간한 두부에 녹말가루를 고루 뿌려 놓는다.

3 치커리는 씻어서 물기를 턴 후 먹기 좋은 크기로 자른다.

4 래디시는 둥근 모양을 살려 얇게 저며 썬다.

5 팬에 기름을 넣어 뜨거워지면 ②의 두부를 넣어 겉이 바삭바삭할 정도로 튀겨서 종이
   타월에 기름기를 뺀다.

6 분량의 재료를 고루 섞어 소스를 만든다.

7 접시에 튀긴 두부와 채소를 보기 좋게 담고 소스를 듬뿍 끼얹어 낸다.

두부잡채

구운 두부와 볶은 버섯, 애호박, 피망의 맛이 잘 어울려요.
간단하게 만들 수 있으면서 푸짐해서 초대요리로 내놓아도 좋아요.
아이들이 당면을 먹고 싶어할 때는 불린 당면을 볶아서 넣어 주세요.

재료

두부 1모, 불린 표고버섯 5개, 애호박 1/2개, 피망 · 붉은 피망 1/2개씩, 팽이버섯 1/2봉지
양념 맛간장 2큰술, 소금 1/2큰술, 참기름 1큰술, 후춧가루 · 현미유 조금씩

이렇게 만들어요

1 두부는 0.3cm 정도로 얇게 썰어 소금을 살짝 뿌려 두었다가 물기를 없앤다. 그런 다음
  프라이팬에 기름을 넉넉히 두르고 바삭하게 구워 식힌다.

2 불린 표고버섯은 가늘게 채 썬 다음 맛간장 1큰술, 참기름, 후춧가루를 넣어 밑간한다.

3 애호박은 초록색 겉부분만 돌려깎기를 해서 채 썬 다음 소금으로 살짝 간한다.

4 피망은 반으로 갈라 씨앗을 빼고 채 썬다.

5 팽이버섯은 밑동을 잘라내고 가닥가닥 찢는다.

6 밑간한 표고버섯, 애호박, 피망, 팽이버섯은 현미유와 참기름을 두르고 각각 볶는다.

7 구워서 식힌 ①의 두부는 0.3cm 정도로 가늘게 채 썬다.

8 큰 그릇에 구운 두부와 볶은 채소를 모두 담고 참기름, 후춧가루를 넣어 가볍게 버무
  린다. 싱거우면 맛간장으로 간을 맞춘다.

삼색두부전

알록달록 먹음직스러워 반찬, 간식으로 좋고 단백질이 풍부한 다이어트 요리에요.
으깬 두부를 반죽해 모양을 낼 때 전을 너무 두껍지 않게 만들어야 맛있답니다.
팬에 기름을 두르고 나서 종이타월로 살짝 닦아내면 더 담백해요.

재료

두부(부침용) 1모, 감자 1개, 깻잎(무청) 5장, 유기농 귤껍질 1줌, 비트 1/3개, 녹말가루 1/2컵
양념 소금 · 참기름 1큰술씩, 통깨 · 검은깨 조금씩

이렇게 만들어요

1 두부는 칼등으로 으깬 다음 면보에 싸서 물기를 짠다.

2 감자는 깨끗이 씻어서 껍질을 벗기고 푹 삶아 으깬다.

3 깻잎은 곱게 다져서 소금을 살짝 뿌려 절인 다음 물기를 뺀다.

4 귤껍질은 깨끗이 씻어서 곱게 다진다.

5 비트는 껍질을 벗기고 곱게 다진다.

6 으깬 두부, 감자에 소금, 참기름을 넣어 고루 버무린다.

7 ⑥을 3등분해서 깻잎, 귤껍질, 비트 다진 것과 각각 섞어 모양을 만든다. 통깨나 검은깨를 넣으면 색이 더 예쁘다.

8 ⑦에 녹말가루를 살짝 묻혀 팬에 기름을 두르고 뒤집어가며 노릇노릇하게 지진다.

간은 싱겁게 해요
전의 반죽간은 조금 싱겁게 하는 것이 좋아요. 입맛에 따라 싱거울 때는 간장양념장을 곁들여 내세요.

밤채소전골

꾸들꾸들하게 말린 밤을 넉넉히 넣고 배춧잎, 버섯 등으로 시원한 국물 맛을 냈어요.
5대 영양소가 고루 들어 있는 밤은 식사 대용으로 가능할 만큼 영양이 우수해요.
또한 위장을 튼튼하게 만들고 식욕을 높여주니 성장기 아이들에게 좋은 견과류에요.

재료

밤 20알, 곤약 1/3개, 배춧잎 3장, 당근 1/2개, 애호박 1/3개, 느타리버섯 1줌, 팽이버섯 1/2봉지, 대추 5개,
소금 · 후춧가루 조금씩, 채수 3컵
양념장 간장 2큰술, 고춧가루 1큰술

이렇게 만들어요

1 밤은 도톰하게 저며서 꾸들꾸들 말려 준비한다.

2 곤약은 끓는 물에 살짝 데쳐 잡내를 없앤다.

3 배춧잎은 끓는 물에 소금을 조금 넣고 데친다. 익는 속도가 다르기 때문에 줄기, 잎
  순서로 넣어 삶아 건진 후 찬물에 담가 두었다가 물기를 빼서 반 가른다.

4 당근은 5~7cm 길이로 곱게 채 썰어 삶은 배춧잎에 가지런히 올려놓고 끝부분부터 돌돌
  만다.

5 애호박은 직사각형 모양으로 얇게 썬다.

6 느타리버섯은 가닥가닥 나누고 팽이버섯은 밑동을 잘라내고 가닥가닥 나눈 다음 가볍게
  씻어 물기를 뺀다.

7 대추는 깨끗이 씻어서 반으로 갈라 씨앗을 뺀다.

8 분량의 저료를 섞어 양념장을 만든다.

9 전골냄비에 밤과 채소를 보기 좋게 돌려가며 담는다. 채소에서 물이 많이 나오므로
  채수를 지작하게 부어 끓여가며 먹는다.

10 국물이 끓어오르면 미리 만들어 둔 양념장을 잘 풀어 넣고 한번 더 끓인 후 소금, 후춧
  가루로 간을 맞춘다.

우엉튀김

조림으로 많이 먹는 우엉을 바삭바삭하게 튀겨내면 색다른 맛이 나요.
우엉은 머리를 맑게 해주어 공부하는 학생들에게 좋은 채소랍니다.
우엉은 생으로 먹어도 좋은데, 이틀에 한 번은 식탁에 생 채소를 올리세요.

재료

우엉 1개, 녹말가루 1/2컵, 소금 조금, 현미유 적당량

이렇게 만들어요

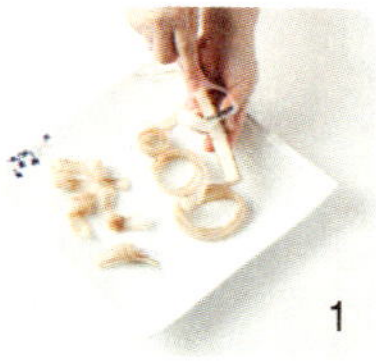

1 우엉은 솔로 깨끗이 문질러 씻고 지저분한 부분은 칼로 도려내고
  껍질째 쓴다. 씻은 우엉은 길게 반 갈라 어슷 썰거나 필러로
  얇게 저민다.

2 저민 우엉은 녹말가루, 소금을 섞어 하나씩 앞뒤로 고루 묻혀서
  손으로 살살 턴다.

3 팬에 기름을 넉넉히 붓고 뜨거워지면 ②의 우엉을 바삭하게 튀긴다.

4 튀긴 우엉은 기름기를 빼서 접시에 낸다.

1

튀긴 우엉을 조려 보세요
간장 3큰술, 배즙과 조청 2큰술씩을 넣고 한소끔 끓인 후 불을 끄고 들기름, 깨소금을 넣어요. 여기
에 우엉튀김을 넣어 버무리면 맛있는 우엉튀김조림이 된답니다.

매콤하게 양념장을 발라서 구운 우엉구이는 입맛을 돋우는 반찬이에요.
식이섬유가 풍부한 우엉은 신진대사를 촉진시키고 혈액순환을 돕는 식품이랍니다.
또한 더덕, 도라지와 함께 인삼에 많은 '사포닌'도 풍부해요.

우엉구이

재료

우엉(중간 크기) 2개

양념 고추장 · 맛간장 · 조청 2큰술씩, 고춧가루 · 참기름 · 통깨 1큰술씩

이렇게 만들어요

1 우엉은 껍질을 벗겨 반으로 가른다.

2 반 가른 우엉은 10~15분 정도 찜기에 넣어 찐다. 너무 많이 찌면 씹는 맛이 적어진다.

3 찐 우엉은 도마에 펴놓은 다음 고루 양념이 배도록 칼등으로 살살 두드려 부드럽게
   만든다.

4 분량의 재료를 섞어 양념장을 너무 짜지 않게 만든다.

5 ③의 우엉 한 쪽에 양념장을 고루 발라 켜켜이 잰다.

6 달군 프라이팬에 양념장 바른 우엉을 올려서 뒤집어가며 살짝 굽는다. 너무 오래 구우면
   질겨진다.

우엉을 미리 양념에 재어두면 좋아요

찐 우엉은 미리 양념에 재어 두었다가 구워 먹으면 훨씬 맛이 좋아요. 양념장 바른 우엉을 굽지 않
고 그냥 먹으면 아삭아삭한 맛을 느낄 수 있어요.

더덕구이나 표고양념구이도 비슷해요

더덕이나 표고버섯을 양념해 굽는 방법도 우엉구이와 비슷해요. 더덕은 껍질을 벗겨 소
금물에 30분 정도 담갔다가 길이로 반을 갈라 방망이로 얇게 만들어요. 그런 다음 유장에
발라 프라이팬에서 애벌구이를 하고, 고추장 양념장을 발라가면서 다시 구우면 완성~

연근우엉탕수

아이와 어른 모두 좋아하는 대표 외식메뉴 탕수육도 어렵지 않답니다.
튀김옷 입힌 연근, 우엉을 바삭바삭 튀기고 오미자발효액으로 소스를 만들었어요.
표고버섯도 튀김옷을 입혀 함께 튀기면 더 푸짐해요.

재료

연근 1개, 우엉 1/2개, 당근 · 오이 1/4개씩
튀김옷 찹쌀가루 1컵, 녹말가루 1/2컵, 소금 조금, 물 2컵(얼음물)
소스 오미자발효액 1/2컵, 식초 1큰술, 녹말물(녹말가루 1큰술, 물 1큰술), 소금 조금, 채수 2컵

이렇게 만들어요

1 연근과 우엉은 깨끗이 씻어 껍질을 칼등으로 살살 벗긴 다음 먹게 좋은 크기로 썬다.

2 당근과 오이는 둥글게 썬다.

3 찹쌀과 녹말가루, 소금에 물을 섞어 멍울 없이 튀김옷을 만든다.

4 썰어 놓은 연근, 우엉에 ③의 튀김옷을 입혀 너무 높지 않은 온도의 기름에서 튀긴다.
   식힌 후 한 번 더 바삭하게 튀긴다.

5 녹말가루를 물에 풀어 녹말물을 만든다.

6 오목한 팬에 오미자발효액, 식초, 소금을 넣고 끓으면 녹말물을 넣어 걸쭉하게 만든다.

7 소스에 당근을 넣어 조금 끓이다가 오이를 넣고 섞은 후 불을 끈다.

8 접시에 튀긴 연근과 우엉을 담고 소스를 부어 낸다.

다른 발효액을 써도 좋아요
오미자발효액 대신 매실발효액, 파인애플즙, 유자, 모과 등을 넣어도 좋아요.

피망, 파프리카를 넣어 보세요
쓰다 남은 피망, 파프리카가 있을 때는 마름모꼴로 잘라 넣으면 더욱 먹음직스러워요.

버섯들깨볶음

여러 가지 버섯과 죽순을 들깨가루로 고소하게 볶았어요.
간편하게 만들 수 있는 양양만점 반찬이랍니다.
국물이 생각날 때는 채수를 넉넉히 부어 국이나 탕으로 끓이세요.

재료

표고버섯 · 새송이버섯 5개씩, 느타리버섯 1줌, 팽이버섯 1봉지, 죽순 1개
양념 들깨가루 1/2컵, 국간장 1큰술, 녹말가루 1과 1/2큰술, 소금 1작은술, 참기름 · 통깨 조금씩, 채수 1컵

이렇게 만들어요

1 표고버섯은 흐르는 물에 재빨리 씻어서 기둥을 떼고 굵게 채 썰고, 새송이버섯은 길이로
　채 썬다.

2 느타리버섯은 끓는 소금물에 살짝 데쳐서 가닥가닥 찢어 놓는다.

3 팽이버섯은 밑동을 잘라내고 적당한 크기로 가른다.

4 죽순은 쌀뜨물에 삶아 찬물에 하루 정도 담가 아린 맛을 우려내고 버섯과 비슷한 길이로
　썬다. 통조림 죽순은 물에 헹궈서 자른다.

5 녹말가루는 채수를 같은 양으로 개어 녹말물을 만든다.

6 남은 채수를 팬에 붓고 끓으면 들깨가루를 넣은 다음 녹말물을 넣어가며 농도를 맞춘다.

7 ⑥이 걸쭉해지면 국간장을 넣어 색을 내고 소금으로 간을 맞춘다.

8 물이 끓기 시작하면 죽순, 버섯 순서대로 넣으면서 뒤적인다.

9 마지막으로 간을 보고 다 익으면 불을 끄고 참기름, 통깨를 넣어 마무리한다.

두뇌발달에 좋은 들깨, 가루 내서 쓰면 좋아요
들깨를 가루 내거나 들깨가루를 사서 냉동실에 넣어두고 나물이나 미역국, 칼국수 등 여러
가지 요리에 넣어 보세요. 오메가3 지방산인 리놀렌산이 풍부한 들깨는 성장기 아이들
의 두뇌발달, 수험생을 위한 건뇌식품으로 좋아요. 어른의 경우에는 치매 예방에 도움
이 되고 기를 아래로 내리는 성질이 있어 가래, 천식, 기침에 좋은 식품이랍니다.

검은깨죽

재료

쌀 1컵, 검은깨 1/2컵, 참기름 1큰술,
소금 (국간장) 조금, 채수 4컵

만들기 쉬운 검은깨두유
볶은 검은깨가 있을 때는 검은
깨두유를 만들어 보세요. 두유
1컵에 볶은 검은깨 2큰술을 넣
어 믹서에 곱게 갈면 된답니다.
바나나를 조금 넣
으면 맛이 좋아요.

이렇게 만들어요

1 쌀은 씻어서 미리 물에 30분 정도 불려 놓는다.

2 검은깨는 깨끗이 씻어서 믹서에 물을 조금 붓고 갈아서 고운 체에 거른다.

3 불린 쌀은 냄비에 담고 참기름을 넣어 채수를 조금씩 부어가며 볶는다.

4 쌀이 노릇노릇해지면 나머지 채수를 붓고 쌀알이 퍼질 때까지 약한 불에서 저으면서
  끓인다.

5 쌀이 충분히 퍼지면 ②의 거른 깨를 넣고 한소끔 더 끓인다.

6 뜨거울 때 그릇에 담아 소금이나 국간장과 함께 낸다.

미역볶음

재료

마른 미역(가는 실미역) 100g,
통깨 1큰술, 현미유 조금

**볶은 미역을 조려도
맛있어요**

미역 튀긴 것을 조
려도 맛있는 반찬
이 된답니다. 조청
4큰술, 채수 1~2컵을 넣어 바글
바글 끓이다가 튀기듯이 볶은
미역을 넣어 조린 후 통깨, 참기
름을 넣어요.

이렇게 만들어요

1 마른 미역은 잡티가 있으면 골라내고 가위를 이용해 5~6cm 정도 길이로 자른다.

2 팬에 기름을 넉넉히 두르고 자른 미역을 넣어 중간 불에서 튀기듯이 볶는다.

3 그릇에 볶은 미역을 담고 통깨를 솔솔 뿌려서 낸다.

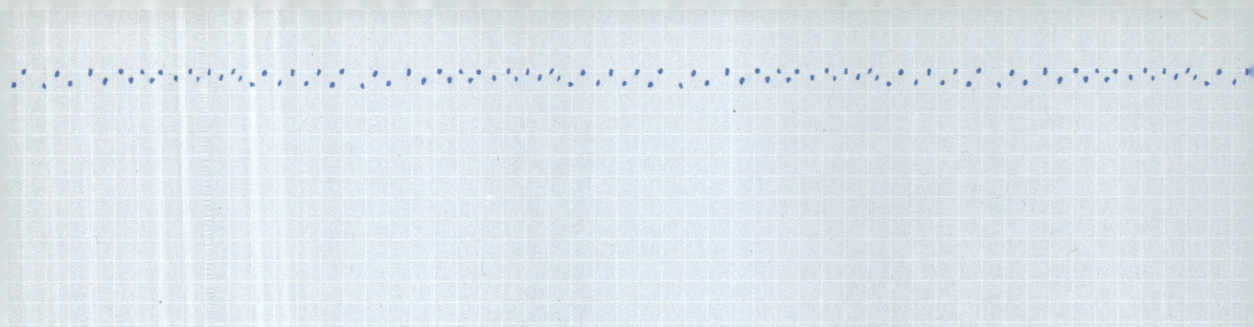

Part 08
똑똑해지는 건뇌밥상

단호박들깨샐러드 · 검은깨호떡 · 수수부꾸미 · 브로콜리된장죽
버섯들깨탕 · 연근견과류조림 · 완두콩스테이크 · 김부각 · 블루베리수프
참마찜 · 채소튀김 · 양갱 · 고구마맛탕

단호박들깨샐러드

달달한 단호박과 부드러운 두부, 고소한 들깨소스가 어우러진 맛에 반해요.
가볍게 먹을 수 있으면서 영양이 풍부해 한 끼 식사가 되는 샐러드랍니다.
단호박은 찜통에 찌거나 오븐에 껍질째 구워서 넣어도 좋아요.

재료

단호박 1/2개, 두부 1/4모, 어린잎 채소 1줌
들깨소스 들깨 · 조청 2큰술씩, 식초 1작은술

이렇게 만들어요

1 단호박은 깨끗이 씻어 껍질째 반으로 자른 다음 숟가락으로 속을 파낸다.

2 손질한 단호박은 김이 오른 찜통에서 면보를 깔고 약 7분 정도 찐다. 너무 푹 익히지
   않는다.

3 두부는 먹기 좋은 크기로 네모지게 썬다.

4 어린잎 채소는 물에 담가 씻은 후 물기를 뺀다.

5 팬에 들깨와 조청을 넣고 뒤적거려 조린 다음 불을 끄고 식초를 넣어 소스를 만든다.

6 찐 단호박을 먹기 좋은 크기로 네모지게 썰거나 길게 썬다.

7 그릇에 호박과 두부, 어린잎 채소를 보기 좋게 담고 소스를 끼얹어 낸다.

소스를 조릴 때 견과류를 넣어 보세요
소스에 다진 대추나 견과류, 은행을 넣어 만들어 보세요. 고소하게 씹히는 맛이 좋아서
아이들이 더 잘 먹어요.

검은깨호떡

아이들이 좋아하는 호떡을 엄마가 직접 만들어 주세요.
반죽을 할 때 검은깨를 넉넉히 넣고 소에도 견과류를 고루 다져 넣어요.
반죽이나 반죽을 팬에 올려 뒤집개로 누르는 건 아이들에게 맡기면 좋아해요.

재료

밀가루(강력분) 2컵, 찹쌀가루 1컵, 검은깨 4큰술, 소금·드라이이스트 1작은술씩, 따뜻한 물 2/3컵, 현미유
적당량
소 견과류 1/2컵, 흑설탕 1컵, 계피가루 1작은술

이렇게 만들어요

1 볼에 밀가루와 찹쌀가루, 소금, 드라이이스트를 넣고 따뜻한 물을 조금씩 부어가며 반죽
한다.

2 반죽에 찰기가 생기면 현미유 1큰술을 넣고 잘 치댄다.

3 반죽에 랩을 씌운 후 중탕을 해서 빨리 발효시킨다. 물이 뜨거우면 발효가 안 되므로
따뜻한 정도가 적당하다.

4 분량의 재료를 섞어 소를 만든다.

5 발효시킨 반죽은 조금씩 떼어 둥글게 빚은 다음 소를 넣고 터지지 않게 잘 오므린다.

6 달군 팬에 현미유를 두르고 노릇노릇하게 하나씩 굽는다. 호떡뒤집개가 없을 때는
스테인리스 계량컵으로 누르면 모양이 잘 잡힌다.

두뇌에 좋은 검은깨
검은깨에는 음식을 통해 섭취해야 하는 필수아미노산이 많이 들어 있어 두뇌에 좋아요.
어른들에게는 흰머리, 탈모, 기미 등을 예방하는 효과가 있어요.

수수부꾸미

수수가루와 찹쌀가루만 준비하면 간식으로 쉽게 만들 수 있어요.
팥앙금과 호두, 땅콩을 다져 소에 넣으면 영양과 맛이 더 풍부해진답니다.
남은 수수가루, 찹쌀가루는 익반죽해서 경단을 만들어도 좋아요.

재료

수수가루 1/2컵, 찹쌀가루 1/4컵, 소금 1작은술, 현미유 조금, 따뜻한 물 5큰술
소 팥앙금 · 호두와 땅콩 1/2컵씩, 대추 5개

이렇게 만들어요

1 수수가루, 찹쌀가루에 소금을 넣어 익반죽한다. 반죽 정도를 보며 물의 양을 알맞게 조절한다.

2 ①의 반죽을 탄력이 생길 때까지 5분 이상 치댄다.

3 치댄 반죽을 면보에 싸서 실온에서 20분 정도 둔다.

4 호두와 땅콩, 대추는 곱게 다져 팥앙금에 섞는다.

5 반죽을 손으로 떼어 5~6cm 정도의 지름으로 둥글납작하게 만든다.

6 달군 팬에 현미유를 조금 두르고 반죽을 올려 약한 불에서 지진다.

7 윗면이 절반 정도 익으면 가운데를 숟가락으로 눌러 팥소를 넣고 반으로 접은 후 가장자리를 여미고 노릇노릇 익힌다. 수수부꾸미 윗면이 거의 익은 뒤에 팥소를 넣고 반으로 접으면 겉이 갈라지기 쉽다.

> **자주 체하는 아이에게 좋은 수수**
> 수수는 소화를 돕는 효과가 있고 장을 수축시켜 설사가 날 때도 좋아요. 또한 기침하는 아이, 잠이 안 오고 자주 체하는 아이들에게 도움이 되는 식품이에요.

브로콜리된장죽

입맛 없고 속이 불편해서 따뜻한 죽 한 그릇이 생각날 때 준비해 보세요.
엽산이 풍부한 브로콜리는 성장에 좋고 철분이 많아 빈혈을 예방해요.
요오드 성분이 많으니 체온이나 땀 조절, 비만 예방에도 좋은 채소랍니다.

재료

현미찹쌀 1컵, 브로콜리 1/2개, 된장 1큰술, 참기름(들기름) · 현미유 조금씩, 채수 5컵

이렇게 만들어요

1 현미찹쌀은 깨끗이 씻어 1시간 정도 불린다.

2 브로콜리는 송이를 나눠 씻은 다음 끓는 물에 소금을 조금 넣고 살짝 데쳐서 잘게
　다진다.

3 채수 1컵에 된장을 잘 풀어 된장물을 만든다.

4 달군 냄비에 현미유와 참기름을 같이 두르고 쌀을 볶다가 브로콜리를 넣어 조금 더
　볶는다.

5 ④에 남은 채수를 부어 처음에는 센 불에서 끓이다가 중간 불로 익힌다.

6 쌀알이 말갛게 익으면 된장물을 넣어 한소끔 더 끓인다.

데친 브로콜리를 믹서에 갈아도 좋아요
죽을 부드럽게 끓이려면 데친 브로콜리를 믹서에 간 다음 볶지 않고 된장물을 넣을 때
같이 넣으면 된답니다.

브로콜리된장무침을 만들어 보세요
재료 : 브로콜리 1개, 된장 · 찹쌀가루 2큰술씩, 들깨가루 5큰술, 채수 1컵
① 브로콜리는 송이송이 갈라 물이 끓기 시작하면 소금을 넣고 삶아 찬물에 헹군다. ② 채수에 된
장을 개어 체에 거른 다음 들깨가루, 찹쌀가루를 넣어 약한 불에서 눌어붙지 않도록 저어가며 된장
양념을 만든다. ③ 데친 브로콜리에 된장양념을 넣어 고루 버무린다.

버섯들깨탕

버섯의 씹는 맛과 향을 그대로 살린 버섯들깨탕은 구수한 국물 맛이 좋아요.
여러 가지 버섯을 먹기 좋게 썰고 채수를 부어 끓이기만 하면 후다닥 완성된답니다.
찹쌀가루를 조금 넣으면 한 끼 식사로 손색이 없어요.

재료

표고버섯 2장, 새송이버섯 2개, 팽이버섯 1봉지, 양송이버섯 4개, 두부 1/4모, 시금치 1줌
양념 들깨가루 1컵, 국간장 1큰술, 소금 조금, 채수 4컵

이렇게 만들어요

1 표고버섯, 새송이버섯은 짧은 길이로 0.5cm 두께로 썰어 준비한다. 팽이버섯은 밑동을
　잘라 가닥가닥 나누고 양송이버섯은 모양을 살려 둥글게 썬다.

2 두부는 네모지게 썰고, 시금치는 깨끗이 씻어서 물기를 털고 먹기 좋은 크기로 자른다.

3 들깨가루는 채수를 조금 부어 미리 개어 놓는다.

4 채수를 끓이다가 국간장, 소금으로 간해 팽이버섯을 제외한 나머지 버섯을 넣는다.

5 한소끔 끓으면 미리 개어놓은 들깨가루와 팽이버섯을 넣는다. 들깨가루를 넣은 다음에는
　뭉치므로 젓지 않는다.

6 다시 간을 봐서 싱거우면 소금을 넣고 불에서 내린다.

찹쌀가루를 넣으면 한 끼 식사로 좋아요
버섯들깨탕에 찹쌀가루를 넣어서 걸쭉하게 끓이면 식사대용으로도 훌륭해요.

들깨가루는 냉동보관해요
몸에 좋은 식물성 지방이 풍부한 들깨는 산화되기 쉬우므로 냉동보관하는 게 좋아요. 아
이들의 두뇌에 좋고 혈관을 청소하는 DHA가 바로 지방 성분이랍니다. 들깨에는 두유의
4배, 쇠고기의 10배나 되는 비타민 E도 들어 있어요.

연근견과류조림

뿌리채소와 견과류를 맛간장과 조청으로 조린 밑반찬이에요.
불포화지방이 풍부한 견과류는 해로운 콜레스테롤을 낮추어 주고 뇌에 좋은 식품이랍니다.
씹을수록 고소해 아이들이 좋아하고, 영양이 풍부해 도시락반찬으로도 좋아요.

재료

연근 1개, 우엉 1줄, 호두 · 땅콩 1/2컵씩
양념 맛간장 3컵, 조청 1/2컵, 참기름 · 통깨 조금씩

이렇게 만들어요

1 연근은 껍질을 벗겨서 먹기 좋은 크기로 썰어 놓는다.

2 우엉은 껍질째 깨끗이 씻어 1cm 정도로 썬다.

3 호두는 끓는 물에 살짝 데친다.

4 분량의 맛간장과 조청을 반만 넣어 끓으면 썬 연근과 우엉, 호두, 땅콩을 넣고 중간
　불에서 천천히 조린다.

5 국물이 거의 없어지면 남은 조청을 넣고 불을 세게 해서 윤기 나게 조린다.

6 불에서 내리고 참기름, 통깨를 넣어 섞는다.

조림간장의 비율을 잘 맞춰요
물기 없는 재료를 조릴 때는 맛간장:조청 = 4:1 비율로 만들어 재료가 잠길 정도로 넣어요. 반대로
재료에서 물이 나오는 조림은 간장 양을 조금 줄여 주세요.

땅콩조림도 만들기 쉬워요
생땅콩 2컵, 맛간장 1과 1/2컵, 조청 3큰술, 현미유 · 참기름 · 통깨 1큰술씩
① 생땅콩을 끓는 물에 현미유 2~3방울을 넣고 덜 익은 듯 한소끔 삶아 떫은맛과 비린 맛을 없앤
다. 현미유를 넣으면 껍질이 잘 벗겨지지 않는다. ② 다 삶으면 물을 따라내고 맛간장, 조청 절반,
현미유를 넣어 충분히 조린다. ③ 마지막으로 남은 조청을 넣고 불을 강하게 해서 윤기나게 조린
다음 불을 끄고 참기름, 통깨를 넣어 버무린다.

동글동글 완두콩으로 만든 근사한 스테이크에요. 주말 브런치로 준비하면 특별해요.
완두콩이나 콩 대신 두부를 만들고 남은 비지로 만들면 간편해요.
아이들이 좋아하는 소스로 그때그때 다른 맛을 내면 좋아요.

완두콩스테이크

재료

완두콩 1과 1/2컵, 감자 1개, 당근 1/4개, 빵가루 4큰술, 현미유 적당량, 소금 · 후춧가루 조금씩
두유소스 두유 · 현미유 1컵씩, 조청 · 식초 1큰술씩, 레몬즙 2큰술, 소금 조금

이렇게 만들어요

1 완두콩은 끓는 물에 삶아 곱게 으깬다. 두부를 만들고 남은 비지로 준비하면 그대로 쓸 수
있어 간편하다.

2 감자는 삶아서 껍질을 벗기고 곱게 으깬다.

3 당근은 잘게 다져서 살짝 볶는다.

4 준비한 완두콩과 감자, 당근, 소금, 후춧가루를 고루 섞어서 반죽한 다음 둥글납작한
모양을 만들어 빵가루를 묻힌다.

5 팬에 기름을 넉넉히 두르고 ④를 넣어 노릇노릇하게 부친다.

6 믹서에 두유, 조청, 식초, 소금을 넣어 갈다가 현미유를 조금씩 넣어가며 걸쭉해지면
레몬즙을 넣어 소스를 만든다.

7 그릇에 스테이크를 담고 소스를 부어 낸다.

간장젤리를 만들어 올려요
스테이크에 간장젤리를 만들어 올리면 색다르게 보인답니다. 만드는 방법도 간단해요.

재료 : 국간장 · 한천가루 1/2큰술씩, 사과즙 3큰술, 채수 1컵
① 채수에 한천가루를 잘 섞어 끓인다. ② 끓기 시작하면 불을 끄고 국간장, 사과즙을 넣고 굳힌다.
③ 젤리를 모양틀로 찍거나 잘라서 스테이크 위에 올린다.

비트와 견과류로 고기스테이크처럼 만들어요
삶은 콩에 비트즙을 넣어 색을 내고 호두, 땅콩가루 등 견과류를 갈아 넣어 스테이크를 만들어 보
세요. 고기스테이크와 비슷한 색을 내면서 담백하고 고소한 맛이 좋아요.

김부각

입맛 없을 때 내면 바삭바삭 씹는 맛이 좋아 자꾸 손이 가는 밑반찬이에요.
김을 한 장씩 찹쌀풀을 발라 말린 다음 팬에 기름을 두르고 튀기듯이 볶아요.
기름기가 싫을 때는 튀기지 않고 그냥 먹어도 좋아요.

3

재료
김 10장, 찹쌀가루 1/2컵, 통깨 1작은술, 소금 · 현미유 조금씩, 물 1/2컵

이렇게 만들어요

1 김은 드꺼운 것으로 골라 잡티가 있으면 손으로 문질러 손질한다.

2 찹쌀가루에 물을 붓고 소금으로 간해 되직하게 풀을 쑨 다음 차게 식힌다.

3 쟁반에 김을 얇게 펴놓고 손으로 찹쌀풀을 고루 바른다. 다시 한 장을 포개고 그 위에
  찹쌀풀을 바른다. 맨 윗장의 김에는 찹쌀풀로 통깨를 고명으로 붙인다.

4 ③을 따뜻한 방에 두고 말리다가 약간 덜 말랐을 때 적당한 크기로 잘라 밀폐용기에 담아
  보관한다.

5 먹을 때는 팬에 현미유를 넉넉히 두르고 튀기듯이 재빠르게 볶아낸다.

다시마부각도 만들어 보세요
재료 : 다시마 10×10cm 10장, 찹쌀 1/2컵, 현미유 적당량
① 찹쌀은 씻어서 물에 불린 다음 찜통에 젖은 면보를 깔고 안쳐서 푹 찐다. ② 두툼한 다
시마에 찹쌀밥을 드문드문 붙이고 햇볕에서 말린다. ③ 마른 다시마는 170℃의 기름에 넣어
바삭바삭하게 튀긴다.

블루베리수프

안경을 쓰는 아이들이 많아졌어요. 눈 건강에 좋은 블루베리로 수프를 만들어 보세요. 블루베리는 항산화 성분인 '안토시아닌'이 풍부하고 기억력을 높이는 효과가 있어요. 제철에 블루베리를 얼려두었다 빵을 만들 때 넣으면 좋아요.

재료

블루베리 1컵, 고구마 1개, 적양배추 1/6개, 올리브오일 · 소금 조금씩

이렇게 만들어요

1 블루베리는 살짝 씻어 물기를 턴다.

2 고구마는 껍질째 씻어 적당한 크기로 썰고, 고명으로 올릴 고구마는 사방 1cm 크기로 네모지게 썬다.

3 적양배추는 믹서에 넣기 좋게 적당히 찢어 놓는다.

4 믹서에 블루베리와 고구마, 적양배추를 넣어 곱게 간다.

5 냄비에 올리브오일을 조금 두르고 ④의 간 재료를 끓이다가 소금으로 간한다.

6 사방 1cm 크기로 썬 고구마는 달군 팬에서 바싹 굽는다.

7 그릇에 ⑤를 담고 구운 고구마를 넣어 낸다.

남은 블루베리는 주스로

재료 : 블루베리 1컵, 두유 2컵, 꿀 1큰술, 레몬즙 조금

블루베리에 두유를 넣어 영양만점 주스를 만들어 보세요. 꿀과 레몬즙을 조금 넣으면 더 맛있어요. 냉장고에 있는 다른 과일이나 채소, 견과류 등을 넣어도 좋아요.

참마찜

재료

참마 200g, 표고버섯 2개,
피망 · 붉은 피망 · 노란 파프리카
1/4개씩, 생강즙 1작은술,
소금 · 참기름 · 후춧가루 조금씩

두뇌에 좋은 참마
비타민과 미네랄이 풍부한 참
마는 기억력을 높여 주고, 치매
예방 효과가 있어요. 필수아미
노산과 단백질이 풍부해 허약
체질에도 좋아요. 찜 외에도 샐
러드나 주스로 먹고, 참마가루
를 두유 등에 타
마시면 간편해요.

이렇게 만들어요

1 참마는 깨끗이 씻어 껍질을 벗긴 후 강판에 갈아 소금, 생강즙, 참기름을 넣어 버무린다.

2 표고버섯은 기둥을 떼어내고 가늘게 채 썰어 소금, 후춧가루를 넣어 간한다.

3 피망, 파프리카는 가늘게 채 썬다.

4 오목한 그릇에 참마와 표고버섯, 피망, 파프리카를 넣고 고루 섞어 버무린 다음 김이 오른
  찜통에서 20분 정도 찐다.

채소튀김

재료

우엉 1/4개, 연근 · 당근 1/2개씩,
감자 1개, 다시마(손바닥 크기) 2장,
녹말가루 1/2컵, 현미유 적당량,
설탕 · 통깨 조금씩

이렇게 만들어요

1 우엉은 껍질째 깨끗이 씻어서 어슷어슷 썬다.

2 연근은 둥근 모양을 살려 얇게 썰어 찬물에 5~10분 정도 담가 전분기를 빼고 떫은맛을
 없앤다. 중간에 물을 한두 번 갈아주면 좋다. 당근, 감자도 둥글게 썬다.

3 다시마는 젖은 행주로 살살 닦아 먹기 좋은 크기로 자른다.

4 우엉, 연근, 당근, 감자에 녹말가루를 솔솔 뿌린 다음 팬에 160℃의 기름에 튀긴다.

5 다시마는 녹말가루를 뿌리지 않고 튀긴다. 부풀어 떠오르면 바로 건져 낸다.

6 입맛에 따라 튀김에 설탕, 통깨를 뿌려서 낸다. 튀김에 고추장, 조청, 통깨를 넣어
 버무려도 좋다.

양갱

재료

호박고구마 1개, 무 1/6개, 당근 1/2개,
검은깨 · 잣 1줌씩, 한천가루 3큰술,
조청 4큰술, 소금 조금, 물 2컵

**한천 끓일 때 생기는 거품은
걷어내요**

한천으로 양갱을 만들면 탄력
이 생겨 탱글탱글한 맛이 좋아
요. 한천을 끓일 때는 거품을 수
시로 걷어내야 깨끗한 양갱을
만들 수 있어요. 한천이 곱게 안
풀어지면 고운 체에 한 번 내리
세요.

이렇게 만들어요

1 고구마, 무, 당근은 껍질을 벗기고 김이 오른 찜통에서 찐 다음 각각 체에 내려 곱게
으깬다.

2 냄비에 한천가루와 물을 넣어 중간 불에서 저어가며 끓인다.

3 ②의 물이 반으로 줄어들면 조청을 넣고 ①의 체에 내린 4가지 재료에 나눠 붓는다.
바닥에 눌어붙지 않도록 나무 주걱으로 저어가며 윤기 나게 졸인다.

4 넓은 그릇을 준비해 안쪽에 찬물을 바르고 ③의 반죽을 각각 부어 굳힌다.

5 양갱 표면을 닫져 보아 굳었으면 그릇에서 빼내 모양틀로 찍거나 먹기 좋게 썬다.

고구마맛탕

재료

고구마 3개, 단호박 1/2개,
녹말가루 2큰술, 현미유 적당량
소스 조청 1/2컵, 현미유 1큰술,
간장 1/2작은술, 물 1/2컵

> **튀김기름 온도를 알아 두세요**
> 채소는 160~170℃의 저온에
> 서 튀기면 적당해요. 튀김옷
> 을 떨어뜨렸을 때 거품이 적고
> 튀김옷이 바닥까지 가라앉았
> 다가 떠오른답니다. 튀김옷이
> 중간까지 가라앉았다 떠오르
> 면 170~180℃, 바로 떠오르면
> 190℃ 이상의 고온이에요.

이렇게 만들어요

1 고구마는 큼직하게 썰어 물에 잠시 담갔다가 건진다.

2 씻은 고구마는 물기를 닦은 다음 녹말가루를 묻혀 살살 털어낸다.

3 160℃의 기름에 고구마를 넣어 노릇노릇하게 튀긴다.

4 냄비에 분량의 조청, 물을 넣어 중간 불에서 젓지 말고 서서히 졸이다가 현미유, 간장을
   넣어 색을 낸다.

5 튀긴 고구마를 소스에 넣어 재빠르게 버무려 낸다.

찾아보기 _ 주재료 순서로

처음 사찰음식 레시피 108

아이좋아 가족밥상

지은이 홍승 스님, 전효원
스타일링 전효원. 양유경
요리 어시스트 신경이, 이미니, 정혜영
사진 김나윤
사진 어시스트 최지은

기획·진행 송은숙
영업 정채명
디자인 김선영
인쇄 미광컬색사
제본 광현제본

초판 1쇄 발행 2014년 2월 15일
초판 2쇄 발행 2018년 3월 5일

펴낸이 송은숙
펴낸곳 겨리
         21547 인천광역시 부평구 부개로 58.110-803
전화 070. 3627. 0672
팩스 0505 273. 0672
홈페이지 www.gyeori.com
블로그 blog.naver.com/gyeori_books
등록번호 제2013-000009호

Copyright ⓒ 홍승 스님, 전효원

ISBN 978-89-957983-2-4 13590